スーパー講義 英文法・語法
正誤問題 改訂版

河合塾講師 高沢 節子 著

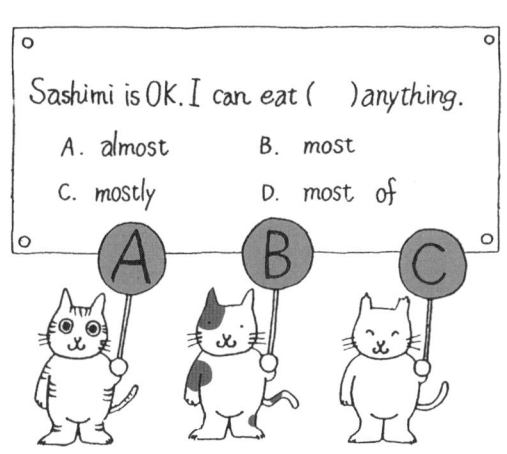

河合出版

はじめに

「正誤問題を徹底的に解明した参考書」をめざして、この本の前身である『スーパー講義　正誤問題』を世に送り出してから二十年余りの月日が流れました。正誤問題という形式で受験生の文法・語法力が問われているのに、その対策を明確に記した参考書がなかったからです。出版当初は早稲田大学、慶應義塾大学、上智大学などの大学を目指す受験生から圧倒的な支持をいただきました。当時から今日にいたるまで、正誤問題を出題する大学はさらに増加し続けています。難関私立大学では、コンスタントに出題されていますが、東大をはじめ国公立大学でも、正誤問題が様々な形で出題され定番化してきています。正誤問題はさらに進化をとげ、形式が多様化していると言えるのです。

　この傾向を支えているのは、正誤問題が正確な文法・語法の知識を確認するのに最も適した形式の１つであるということが認識されているからでしょう。これは大学入試だけにとどまらず、大学生や社会人も多く受験するTOEFLやTOEICなど実用英語能力の試験でも、正誤問題やその派生問題が出題されていることからも明らかです。

　「正誤問題は苦手」という受験生が多くいます。しかし、正誤問題で問われている事項は、日本人の学生の理解があいまいな箇所や英作文を書くと間違いやすい箇所、といった文法・語法での最重要事項なのです。つまり、正誤問題を征する者は「文法・語法を征す」、さらには「間違いのない英文が書けるようになる」と言っても過言ではありません。この本によって、みなさんが、正誤問題の全体像を把握し、そこから文法・語法問題の最新情報をくみとってくだされば、本書の目標は達成されたと言えます。単なる答え合わせ的な学習に終わらず、重要事項をコンパクトに整理した 発展 を大いに活用することで、難関大学入試を突破し、さらには将来の資格試験にも通用する確かな文法・語法力をつけてくださるよう願ってやみません。

2012年11月
河合塾英語科　高沢節子

この本の使い方マニュアル

　この本では、大東文化大、東海大、獨協大、同志社大、早稲田大、慶應義塾大、上智大、東京大、明治学院大などの問題を精選して全部で51題収録してあります。

1.  まず、1～11で、ベーシックな知識・テクニックを身につけます。

↓

2.  その勢いで、12～35をどんどん解いていってください。ここは、受験生の苦手な早大タイプのもの（「正しいものをあるだけ選べ」型）や適文を選択するタイプなど出題形式もさまざま。1～11より、さらに実力をワンランクアップさせます。

↓

3.  最後に、手強い慶應義塾大タイプのもの（文章まるごと正誤問題）・上智大の英訳問題も入っています。ねらいは応用力の養成と、語法問題の総仕上げです。

　といった具合に、正誤問題を解きながら、いつのまにか語法の達人になるというプログラムになっています。
　「いきなり問題が解けるかな」と言う人も、「さあやるぞ」といきりたっている人も、まずは次の15のチェックポイントで、自己採点してみてください。その結果、『かなり危ない』と出て不安を覚えたという人は、すぐに各項目の対応ページの 発展 などを参照しましょう。かわいいウサギとともに、懇切ていねいな解説がスッキリ表にまとまっているはずです。
　この15のチェックポイントは、この本を最後までやり終えた時、本当に正誤問題のポイントを習得できたかどうか、確認するのにもう一度使ってください。
　さあ、まずは第1問目の問題から果敢にチャレンジしてください。

Power is within you!

> 正誤問題ここがねらわれる15のチェックポイント
> ✓（チェック印）が5個以下だとかなり危ない！

- [ ] ❶ **doing**（動名詞）をとる動詞、**to-** 不定詞をとる動詞をきちんと覚えている。（▶ p.52、53 発展 参照）
- [ ] ❷ 名詞を覚える時には、可算、不可算まで気にしている。（▶ p.20 発展 参照）
- [ ] ❸ **that** 節の中が that S ＋［should］＋ V になる動詞が5個位すぐに言える。（▶ p.63 発展 参照）
- [ ] ❹ **respectful、respectable** など形容詞の派生形には自信がある。（▶ p.44 発展 参照）
- [ ] ❺ **puzzling、puzzled** の使い分け（分詞型形容詞）なんて平気だ。（▶ p.54 発展 参照）
- [ ] ❻ 絶対に **a** がつかない名詞を知っている（▶ p.58 発展 参照）
- [ ] ❼ 『数が2か3以上か』では大きな違いがあることに気が付いていた。（▶ p.75 発展 参照）
- [ ] ❽ 時や条件を表す副詞節について、出題される文法事項といえばすぐ指摘できる。（▶ p.78-(8) 参照）
- [ ] ❾ 普通、人を主語にしない形容詞といえば、見当はつく。（▶ p.71 発展 参照）
- [ ] ❿ まぎらわしい自動詞、他動詞は整理ができている。（▶ p.34 発展 参照）
- [ ] ⓫ 代名詞 **one** か **it** かなんて迷わない。（▶ p.76 発展 参照）
- [ ] ⓬ 分詞構文のときには、受動態か能動態かを常に気にして見ている。（▶ p.79-(2) 参照）
- [ ] ⓭ He explained me the reason. のまちがいはすぐわかる。（▶ p.60 発展 「二重目的語を取らない動詞」参照）
- [ ] ⓮ 進行形にならない動詞が5個はあげられる。（▶ p.10 発展 参照）
- [ ] ⓯ 形は能動態なのに、意味は受動態なんて用法を知っていた。（▶ p.62 発展 参照）

文章上の正誤問題のポイント（慶應義塾大学など）

☑ **語法上のまちがい。文章上のまちがい。**
　○単数・複数のまちがい
　○動名詞・to- 不定詞のまちがい
　○イディオム中の前置詞がおかしい
　○自動詞・他動詞のまちがい
　○スペリングミス（過去に出題されているので注意）
　○主語がずれている
　○時制がおかしい
　○冠詞のミス（既出・特定のものではないのに the がついているなど）

　　重要 ➡ 「語法」・「文章の流れ」の両面からチェックをいれること

目次

| 1 | 大東文化大－外国語 | 8 |

　　専修大－経済　　　　獨協大－外国語
　　日本女子大－文　　　同志社大－工
　　東海大－文・工　　　　　　－商
　　流通経済大－経済　　　　　－文
　　法政大－工　　　　　　　　－経済

2	明治大－政治経済	11
3	成蹊大－法	12
4	芝浦工業大	14
5	中央大－文	15
6	西南学院大－文・外国語	16
7	関西学院大－法	17
8	関西学院大－法	18
9	聖心女子大	19
10	関西学院大－経済	20
11	青山学院大－経営	21

12	慶應義塾大－法	22
13	南山大－総合政策	23
14	早稲田大－人間科学	24
15	東京大	26
16	早稲田大－人間科学	28
17	早稲田大－法	30
18	早稲田大－文	32
19	慶應義塾大－環境情報	33
20	慶應義塾大－総合政策	34
21	上智大－文	36
22	慶應義塾大－法	38

23	上智大－国際法・文	39
24	上智大－法	41
25	早稲田大－法	42
26	明治学院大－文	43
27	明治学院大－文	44
28	慶應義塾大－理工	45
29	慶應義塾大－理工	46
30	上智大－文・法	47
31	上智大－文・法	48
32	慶應義塾大－商	51
33	慶應義塾大－法	52
34	上智大－外国語	53
35	上智大－法	54
36	早稲田大－社会科学	56
37	立教大－経済	57
38	早稲田大－教育	58
39	早稲田大－理工	59
40	上智大－文・法	61
41	早稲田大－教育	65
42	慶應義塾大－経済	66
43	慶應義塾大－理工	67
44	上智大－外国語	68
45	獨協大－外国語	70
46	慶應義塾大－理工	71
47	早稲田大－教育	73
48	明治学院大－文・社会	74
49	東京大	75
50	東京大	76
51	慶應義塾大－法	77

1 次の(1)〜(30)の各設問について、下線部 (a) 〜 (d) のうち誤りが一個所あります。その記号を答えなさい。

解答・解説 p.4

(1) If Tom (a)had (b)laid quietly as instructed by the doctor, he (c)might not (d)have had a second heart attack.

(2) Since it was an (a)unusual warm day, the dog (b)lay under the tree (c)all afternoon without (d)barking at passersby.

(3) People (a)cannot live (b)by rice alone, (c)or can they (d)live without rice.

(4) The industrial (a)trend (b)is in the direction of (c)more machines and (d)less people.

(5) (a)Now that the stress of examinations and interviews (b)are over, we (c)can all (d)relax for a while.　　　　　(以上、大東文化大-外国語)

(6) What (a)is certain (b)is that the rice market is (c)increasingly (d)exposing to the forces of liberalization.

(7) Computers (a)are used (b)primarily to (c)calculate answers and (d)processing data.

(8) Every (a)six (b)hour (c)each weather station (d)transmits a report of the weather conditions in that area.

(9) The difference (a)between knowledge and understanding (b)cannot be stressed (c)too (d)heavy.

(10) There are many (a)species of wild flowers in North America, (b)most of (c)such smell (d)very sweet. （以上、専修大－経済）

(11) (a)In spite of his age, his behavior (b)at the party was as (c)childish (d)as a young kid.

(12) (a)I saw my friend in the library and (b)told that I (c)had been wanting to talk with her about (d)something important.

(13) (a)In this area visitors were not permitted (b)entering the park (c)after dark (d)because of the lack of security.

(14) It was really (a)embarrassing (b)to be looked by such (c)a big audience when I slipped (d)on the stage.

(15) Have you ever (a)considered (b)what it would cost if someone (c)were paid to do the work (d)your mother does it? （以上、日本女子大－文）

(16) (a)Although the increase in air fares, many people (b)still (c)prefer (d)to travel by plane. （東海大－文・工）

(17) (a)The building (b)which (c)is standing on the hill is (d)a famous church. （流通経済大－経済）

(18) Please (a)help me decide (b)which of the two activities to choose — going to the theater with John (c)or (d)to attend tonight's dinner dance at the hotel.

(19) When you (a)go shopping, will you (b)please (c)bring this note (d)to the manager of the grocery department?

(20) (a)Although he (b)is in this country (c)only for two years, he talks (d)like a native. （以上、法政大－工）

(21) (a)Let the data (b)be treated in strict confidence. These are the secret documents on (c)the newly-developed product which (d)will put on sale next month.

(22) A virus, which is (a)so small (b)to be seen (c)except with a really (d)powerful microscope, causes smallpox.

(23) Were (a)schools increase (b)their number of offered courses, students (c)would benefit from the wider selection (d)and smaller classes.

(以上、獨協大－外国語)

(24) When children (a)watch TV too much, (b)parents are possible to restrict (c)the hours that the set is allowed (d)to be on.

(25) My friend has just been (a)admitted to the university; I (b)hope her to spend a wonderful time there, (c)both on campus (d)and off.

(26) (a)As a good Christian, he never fails (b)in going (c)to church (d)on Sundays.

(以上、同志社大－工)

(27) (a)Each of girls applying (b)for the job is eager to be chosen, and can't wait (c)until tomorrow when the decision (d)is to be made.

(同志社大－商)

(28) A large number of people (a)is now (b)moving away from the center of the city, because (c)the rent is getting (d)higher every year.

(同志社大－文)

(29) If you can (a)talk over your problems with (b)whomever can give you (c)good advice, you will be happier and (d)better equipped to deal with life.

(30) He is (a)as able, (b)if not abler than, I, so I really think he should also (c)be asked to participate (d)in the project.

(以上、同志社大－経済)

> 次の(1)～(8)の英文の下線部(A)～(D)のうち、誤っているものが1つある。その記号を答えなさい。
> (明治大－政治経済)

(1) I strongly recommend this book (A)to (B)anyone who is (C)interesting in (D)what is going on in the White House.

(2) The book was (A)so long that (B)I wondered that I would (C)be able to (D)get through all of it.

(3) (A)When you buy paper (B)product such as cups and coffee filters (C)you should try to (D)make sure they are unbleached.

(4) At that time (A)almost one tenth of California's (B)population (C)was consisted of Chinese (D)immigrants who came to work on the railroads.

(5) (A)Lying near the tree (B)with his tongue (C)hanging out, the dog seemed (D)to content.

(6) Since his watch was (A)broken, he wasn't (B)managed to (C)make it to the meeting (D)on time.

(7) (A)Most of the people (B)who travel to (C)that country (D)return by happy memories.

(8) If you want (A)to improve your (B)written English, you (C)should use (D)dictionary more.

3 次の(1)〜(17)に与えられている英文の下線部(a)〜(d)から現代英語の標準的語法に照らして不適当なものを1つずつ答えなさい。　(成蹊大-法)

(1) Because the builders can work (a)only on weekends, the wood (b)for the flooring (c)has been laying (d)out in the yard.

(2) You (a)may not realize it but the weather (b)in Barbados (c)during Christmas is (d)like New York in June.

(3) (a)While the proposal seemed (b)acceptably to student leaders, the president considered (c)it (d)impractical.

(4) A wise (a)and experienced manager (b)will assign a job to (c)whomever is (d)best qualified.

(5) While (a)traveling with my uncle (b)through (c)our national parks, I (d)was frighten by a bear.

(6) The teacher wants us (a)all — Michael, Kristen, (b)you, and (c)I — to (d)visit Brian in the hospital.

(7) The prospective (a)purchaser of the house left (b)the premises because she (c)was asked to pay a (d)considerable higher price than she was able to afford.

(8) In the discussion Barbara said, "(a)Since we live in a (b)money-oriented society, the average individual (c)cares little about solving (d)anyone's else problems."

(9) Many experts say that (a)dressing well and taking lessons that (b)teaches confidence can (c)help the student get a job (d)with both status and high salary.

(10) A minority group (a)comprising 30% of the community (b)are represented by (c)only one member (d)out of 25 on the City Council.

(11) (a)As a birthday present, my parents offered (b)me the choice of seeing a Broadway play (c)and visiting a night club or (d)to spend a weekend in Atlantic City.

(12) When Columbus (a)discovered America, he thought that he (b)arrived in India, so he called the people (c)he met "(d)Indians."

(13) The people who (a)remain my closest friends are those (b)which (c)share my social values and my political (d)leanings.

(14) The willingness of most Americans (a)to be taxed (b)for education allowed American teachers (c)educate waves of immigrants without (d)giving up the search for excellence.

(15) Some indoor games, (a)though (b)much less physical than football, (c)requires vigorous play and even (d)some physical contact.

(16) There is no sense (a)on getting angry with (b)those radicals (c)just because they disagree (d)with you.

(17) The major difficulty (a)confronting the authorities was (b)the reluctance of the people (c)to talk; they had been warned not to say (d)nothing to the police.

4 次の各組の4つの文の下線部のうち、用法に誤りのあるものを1つ選び答えなさい。

(芝浦工業大)

1.
   a. There <u>are</u> a dozen eggs in the basket.
   b. <u>Is</u> there a pair of trousers in the wardrobe?
   c. We have decided to buy <u>several</u> of the furniture.
   d. The cattle <u>were</u> grazing in the meadow.

2.
   a. She usually arrived <u>to</u> school about ten minutes to eight.
   b. My sister is always dressed <u>in</u> bright colors.
   c. When we woke up <u>on</u> Sunday morning it was raining.
   d. I was quickly cured <u>of</u> my illness.

3.
   a. Have another cup of coffee, <u>will you</u>?
   b. Some of you are learning French, <u>aren't you</u>?
   c. Few people knew the answer, <u>didn't they</u>?
   d. I believe you are only seventeen years old, <u>aren't you</u>?

5

次の(1)〜(5)の英文のなかに、表現が不自然なものが1つだけある。その番号を答えなさい。　　　　　　　　　　　　　　　　　（中央大－文）

(1) The boy cried himself to sleep.

(2) Remember locking the door, Tom.

(3) I'd like to know if you will be using the car tomorrow.

(4) You look very unhappy. What's the matter?

(5) I don't think you have met my wife.

6

次の各組の(1)～(5)の英文イ～ニには、それぞれ1つだけ誤りがある。その記号を答えなさい。
(西南学院大－文・外国語)

(1)
- イ　Any student did not go to the party.
- ロ　Some say it is true, others not.
- ハ　Each of them is to pay his own fine.
- ニ　English and French are both widely used.

(2)
- イ　The book sounds interesting to me.
- ロ　That's not very friendly of you.
- ハ　I found the bed comfortable.
- ニ　This wine smells sweetly.

(3)
- イ　Are you disappointed in me?
- ロ　Her rings were robbed last night.
- ハ　She wore a diamond ring on her finger.
- ニ　The toys were lying all over the floor.

(4)
- イ　I'm not sure if he will attend the meeting.
- ロ　By next April you will study English for ten years.
- ハ　He has been living in Los Angeles for three years.
- ニ　Many improvements have been made since this century began.

(5)
- イ　He's never again written so good a book as his first one.
- ロ　It was about three in the morning that I fell asleep.
- ハ　Hardly an hour goes by without I think of you with love.
- ニ　Out of uniform, he didn't look like a policeman.

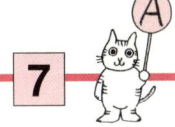

7 次の英文(**1**)〜(**5**)のそれぞれの群 **a** 〜 **c** の中から文法的、語法的に正しいものを選び、その記号を答えなさい。ただし、正しいものが2つ、あるいはそれ以上ある場合、それぞれを答えなさい。また、正しいものがない場合は、[なし] と答えなさい。　　　　　　　　　　（関西学院大－法）

(1) **a.** I lost my weight by ten kilograms.
　　 b. I weigh about sixty kilograms.
　　 c. I gained ten kilograms in weight.

(2) **a.** The picture reminds me my childhood.
　　 b. The picture is reminded my childhood to me.
　　 c. Whenever I see the picture, I remind of my childhood.

(3) **a.** He was more frightened than hurt.
　　 b. It is more gray than brown.
　　 c. I was saddest than angry.

(4) **a.** The bank was robbed.
　　 b. He was stolen his money.
　　 c. Someone has been robbed all his money.

(5) **a.** I admit that this is true.
　　 b. He admits having seen them.
　　 c. He admitted to using that.

8

次の英文(1)～(5)のそれぞれの群 a ～ d の中から文法的、語法的に正しいものを選び、その記号を答えなさい。ただし、各群に正しいものが1つとは限らない。また、正しいものがない場合は、[なし] と答えなさい。

(関西学院大－法)

(1) a. He aims studying in a foreign country.
b. We have decided to buy the house in that area.
c. Father didn't mean to be a school teacher all his life.
d. The professor refused discussing the question with his students.

(2) a. The tower was fallen by lightning.
b. The oil price has been risen by fifteen percent.
c. As I stepped inside, I found him lie on the floor.
d. Approaching the hall, I heard him to speak to the audience.

(3) a. If it were for your help, I couldn't complete it.
b. Risa would have bought a new car had she been rich.
c. If you would have told me, I could find that Risa doesn't know anything about it.
d. They lived together as man and wife, but she insisted firmly that she paid the rent out of her own salary.

(4) a. The more he studied philosophy, the more he realized how little he knew.
b. The athlete was in the most perfect health when he started the competition.
c. The teacher has reported that Susie studies harder than no other student in the class.
d. Although Susie has never been to Germany, her accent is not different from a German.

(5) **a.** The company is looking for a new staff member.
　　b. I was deeply moved to read the passage at the end of chapter five.
　　c. The prefectural government has ended the five-year welfare program.
　　d. Education helps children to learn to think and collect informations on their subjects.

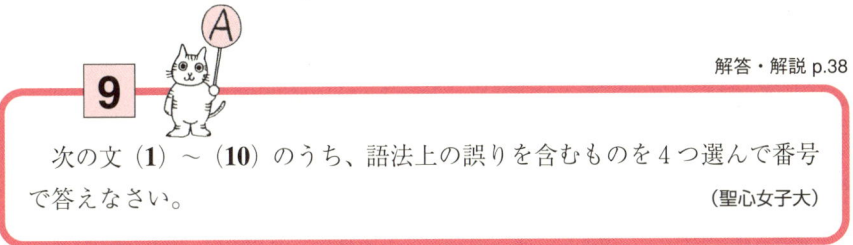

9 次の文 (1) ～ (10) のうち、語法上の誤りを含むものを4つ選んで番号で答えなさい。　　　　　　　　　　　　　　　　　　　　　　（聖心女子大）

解答・解説 p.38

(1) Considered as a work of art, the building is rather disappointing.

(2) They suggested her that she should go alone.

(3) I have never heard it put like that before.

(4) John was very boring with the movie he saw yesterday.

(5) Don't read such books as will do you harm.

(6) I'd rather you didn't come with me.

(7) Please call me whenever you are convenient.

(8) No sooner had she said it when she realized her mistake.

(9) Our success depends on whether John will arrive on time.

(10) Standing as it does on a hill, the house commands a fine view.

10

次の英文(**1**)〜(**10**)の中から正しい英文を3つ選び、その番号を答えなさい。
(関西学院大－経済)

(**1**) She had inhabited in Tokyo before she came to Nishinomiya.

(**2**) Today's newspapers carry the traffic accident yesterday.

(**3**) The average life span of Japanese has been prolonged.

(**4**) What an animal is that? Is that a leopard?

(**5**) The waiter was kind enough to give me a lot of information about the city I was to visit.

(**6**) She suggested me that I should take my mother on the trip.

(**7**) He is among the best three singers for this year.

(**8**) I waited only for ten minutes, but it seemed to me to be too many hours.

(**9**) I consulted those flowers in my book of Japanese flora.

(**10**) I prefer be alone rather than be in a crowd.

11

正しい文が5つあります。それを答えなさい。(6つ以上答えた場合は無効です。)

(青山学院大-経営)

(1) This room is not so large as to get in it.

(2) He is very economic.

(3) Why do I need two of them for?

(4) Mr. Smith and Mr. Jones teach us English and French respectively.

(5) There is no difference between our views.

(6) Quite a few of our students are going abroad after graduation.

(7) I will introduce you Miss Saito.

(8) I congratulate you your victory.

(9) Scandinavian Airlines was the first to fly over the Pole.

(10) I live quite close from the station.

(11) Will Johnny and you go to the dance Saturday?

(12) I would give you a dollar if I had one.

(13) I objected his proposal once, and he hasn't spoken to me since.

(14) The normal fever of the human body is 36.5 degrees.

(15) All the audience enjoyed very much.

12 Some of the following sentences (**a** ~ **j**) contain a mistake. Write a **1** if the sentence is correct, and write a **2** if the sentence contains a mistake.

（慶應義塾大－法）

(a)　You look lovely when you are smiling.

(b)　They said that he was hit hardly.

(c)　It's a nice weather.

(d)　I met the Jack's new girlfriend yesterday.

(e)　I'm here for the first time.

(f)　They'll be delighted if you go and see them.

(g)　I have ever heard that.

(h)　Used economically, one battery will last for at least six weeks.

(i)　He insisted me to go.

(j)　I'll have to ask to my father about it.

13

以下の（1）〜（8）の各文の下線を付けた語（句）のうち、1つが誤りです。その誤りを(A)〜(D)のうちから選びなさい。　　（南山大－総合政策）

（1） Many people prefer (A)not to live in big cities because (B)an air is not clean, the trains are (C)crowded, and the houses are (D)expensive.

（2） Many supermarkets have started (A)charging for plastic bags, although convenience stores are (B)resistant the change. They may be afraid (C)that that would discourage customers (D)from going to convenience stores.

（3） Some critics (A)viewed Ernest Hemingway (B)as an overrated writer, (C)while others thought (D)himself a truly gifted novelist.

（4） Because body language (A)differs from culture (B)to culture, a gesture that is (C)friendly in one society may be seen as (D)rudely in another.

（5） (A)As much as consumers choose cell phone (B)not only for their functions (C)but also for their appearance, companies will continue to compete (D)with each other to provide more attractive designs.

（6） When you (A)travel abroad, be sure to take traveler's checks (B)with you. They are convenient and easy to carry. I (C)believe you will find them to be (D)for great use.

（7） If you have not spoken English (A)for some time, it may (B)seem to you that you will (C)ever be able to speak it (D)again.

（8） You may (A)find this hard to believe, but I've (B)just won a huge (C)number of money (D)in the lottery.

14

次の各文の(1)～(4)の下線部分の英語のうち、誤った英語を含んだ部分が1個所ある。その番号を答えなさい。

（早稲田大－人間科学）

(a) Because the hospital is very old and can (1)no longer serve the (2)needs of the community, a new hospital (3)should be built years (4)ago.

(b) The police (1)has caught the two thieves who broke (2)into the store and (3)ran away (4)with ¥380,000.

(c) He wanted to (1)help her out, but whenever he asked (2)about (3)her past, she avoided (4)to answer his questions.

(d) This experiment is really (1)excited (2)in that it (3)has paved the way (4)to the exploration of outer space.

(e) It was only two days (1)after the car accident (2)that I visited him (3)in the hospital, but he (4)looked like all right.

(f) The rich man was interested (1)to buy the gorgeous hotel (2)on the beach, but his lawyer thought (3)it was (4)too risky.

(g) The company is well known (1)as a (2)leading manufacturer not only of computers but also (3)of (4)office equipments.

(h) (1)By the time he arrived (2)at the restaurant, it (3)was already closed. He wondered what time was (4)closed time.

(i) The department store (1)had a sale (2)on winter clothing, and she bought (3)two clothes (4)with a credit card.

(j) (1)His business is (2)seeing that all complaints (3)from customers (4)are attended promptly and properly.

(k) Please (1)be advised that (2)next meeting will be held at 10 a.m. (3)on April 15 (4)in Conference Room 2 on the fifth floor.

(l) The banker seemed to (1)decide to (2)retire though he didn't give (3)the slightest hint to (4)anyone around him.

(m) A gourmet is a person who knows (1)a lot about (2)good cooking and wine, and (3)who enjoys eating (4)high quality of food.

(n) There is (1)no clear indication that (2)mere presence of police patrols has (3)any significant effect on (4)crime or accidents.

(o) The landlord (1)requested him that he and his family (2)leave (3)the apartment because the building had to (4)be torn down.

(p) (1)Since the weather report said we (2)were going to have (3)a bad weather (4)over the weekend, we had to cancel the plan.

(q) The policemen ordered the driver to get (1)out of the car and (2)searched for him because he (3)was driving (4)a stolen car.

(r) (1)That young Japanese workers are showing less loyalty (2)to the corporation they (3)work for is not (4)surprised.

(s) He (1)had a difficulty (2)finding her house. It was behind the church instead of (3)across the street (4)from the church.

(t) The boy has made (1)a startling progress (2)in mathematics (3)in school, probably because he has been playing (4)with the computer.

15 Ⓑ

次の各組の和文英訳のうち、英文に難点のあるものが5つある。その番号を記し、その後にそれぞれ正しく直した英文を書け。ただし訂正個所以外の文がもとの文と完全に同じである場合は、次の例のように〜記号をつけてその部分を省略してもよい。

[例]（もとの文）He say that he is not from the United States.
　　（直した文）He says that 〜
　　　　　　　　　　　　　　　　　　　　　　　　　　　　　（東京大）

(1) 「あなたはまだ私のことを覚えていますか」「はい」
　　"Are you still remembering me?" "Yes, I am."

(2) 門の前に立札があり、「立入禁止」と書いてあった。
　　In front of the gate stood a notice board which read, "Keep Out".

(3) 公園を横切る道を行けば30分ほど節約になるとすすめられた。
　　I was suggested that the way across the park would save me half an hour.

(4) この家ではいつお客があるかわかったものじゃない。
　　In this house you may expect visitors at any moment.

(5) 5分ほど歩いたら駅に着いた。
　　The station was reached after some five minutes' walk.

(6) 使った掃除機は元の所に戻しておくこと。
　　The used vacuum-cleaner should be put back where it was.

(7) その計画は新しいものに変える必要があった。
　　The plan was necessary to be changed into a new one.

(8) そんなテレビ番組見なくたって全然損しないよ。
You won't miss anything if you don't watch that kind of TV program.

(9) この地域には過去に大きな地震があったらしい。
In this area there seemed to be a big earthquake in the past.

(10) 聞きわけのいい子は一度言えばわかる。
An obedient child does not need telling twice.

16

次の設問(**1**)～(**10**)の(A)～(E)のうち、誤った英語を含んだ部分がある場合にはA～Dの中の1つを、誤りがない場合にはEと答えなさい。

（早稲田大－人間科学）

(1) The citizen's group (A)asked that (B)the government (C)stopped the developer (D)from dumping soil on the hill. (E)NO ERROR

(2) She switched the light (A)on, opened (B)the top drawer, and put the letter (C)deep (D)in back of the drawer. (E)NO ERROR

(3) The students (A)were told to hand in (B)paper (C)on the problem of air pollution (D)by the end of the term. (E)NO ERROR

(4) You look (A)somewhat distressed today. Don't you have (B)something to say to me? Tell me (C)anything (D)on your mind. (E)NO ERROR

(5) Why is it (A)so important that everyone (B)attend the class (C)every day? I think it's (D)a waste of time. (E)NO ERROR

(6) (A)Most of students seemed to (B)have understood (C)how fortunate they were (D)to be living in a peaceful country. (E)NO ERROR

(7) Today we have (A)scientific proofs that (B)wearing a seat belt (C)drastically (D)reduces the number of deaths in car accidents. (E)NO ERROR

(8) Tom's car (A)broke down on the way to the party last night, and (B)by the time he (C)arrived almost all the guests (D)left. (E)NO ERROR

(9) (A)<u>Considering</u> (B)<u>the</u> many new housing developments, the city council (C)<u>proposed</u> that a new shopping center (D)<u>was built</u>. (E)<u>NO ERROR</u>

(10) Read the (A)<u>instructions</u>, give (B)<u>all informations</u> (C)<u>requested</u>, and cut along the dotted line with (D)<u>scissors</u>. (E)<u>NO ERROR</u>

17

次の英文(1)〜(14)の空所に入れる語句として、それぞれA〜Eのうち1つだけ不適切なものがあります。その記号を選んで答えなさい。

(早稲田大－法)

(1) I asked him to tell me (　　) he was taking it.
　A　when　　　　　B　where　　　　　C　whether
　D　who　　　　　 E　why

(2) (　　) meet next Friday?
　A　Could we　　　B　Is it OK if we　　C　Shall we
　D　What about　　E　Why don't we

(3) Anne always does things (　　).
　A　as fast as she can　B　in a hurry　　C　speedily
　D　too quickly　　　　E　with rushing

(4) After he'd rested for a (　　), he set off again.
　A　few minutes　　B　few times　　　C　long time
　D　moment　　　　E　while

(5) It's quicker to go (　　).
　A　by walking　　B　in the car　　　C　late at night
　D　on foot　　　 E　on the bus

(6) "How shall we get there?" "(　　) go by train this time?"
　A　Couldn't we　　B　Shall we　　　C　What about
　D　Why don't we　E　Why not

(7) "Thank you very much. The party was (　　) fun."
　A　a lot of　　　 B　good　　　　　C　great
　D　lots of　　　 E　very

(8) "I don't know how I ( ) so tired."
    A became   B became to be   C came to be
    D got   E have gotten

(9) "Let me go with you to the station." "( )"
    A I am very grateful to you.
    B I appreciate your kindness.
    C Thank you very much.
    D Thanks to you.
    E You are very kind.

(10) "I have coffee and toast for breakfast ( )."
    A frequently   B never   C now and again
    D occasionally   E sometimes

(11) Listening to jazz music always makes me feel ( ).
    A energetic   B enjoyable   C happy
    D relaxed   E sleepy

(12) She plans to spend ( ) in China this summer.
    A a few days   B about one month
    C for three weeks   D her vacation
    E some time

(13) When I ( ) all night, I'm very tired the next day.
    A stay awake   B stay out   C stay up
    D wake up   E work

(14) ( ) families in my hometown own at least one car.
    A Almost   B Many   C Most
    D Not many   E Only a few

18

次の(a)〜(e)までの各グループにはそれぞれ4つの文が与えられているが、そのうちいずれか1つは誤っているか、あるいは極めて不自然である。その番号を答えなさい。　　　　　　　　　　　（早稲田大－文）

(a) 1. The old man is hard to please.
   2. Jones is eager to succeed in the business world.
   3. Bob is easy to make friends with strangers.
   4. The distance is too great to cover on foot.

(b) 1. The owner of the shop was deep in debt.
   2. A thick forest extended before the explorers.
   3. I believe Bob is a shallow type of man.
   4. Nancy was surprised that the price of meat in Tokyo was very expensive.

(c) 1. An old man was very nearly run over by a truck.
   2. Our baseball team was badly beaten in the tournament.
   3. Tom and Ken had a fight and Tom hit hard Ken.
   4. You should never drive fast. It is dangerous.

(d) 1. Bob is a student at Yale.
   2. The bus takes you to the station for one hundred and sixty yen.
   3. Some people smoke at the place where there is a sign on the contrary.
   4. This camera is the same as mine.

(e) 1. Barbara went to bed at nine, and finally fell sleep at ten.
   2. Father falls asleep very quickly.
   3. Ned always sleeps until eight in the morning.
   4. Sam felt sleepy during the lecture of Professor Jones.

19

次の(1)〜(12)の各設問について、下線部(1)〜(4)のうち誤りが1個所あります。その番号を答えなさい。

(慶應義塾大－環境情報)

(1) Engineers who (1)design flood-control projects avoid (2)to damage (3)the environment as much as (4)they can.

(2) (1)Look at these four strange names. (2)Either one should have a mark (3)beside (4)it.

(3) The (1)training required for members of championship baseball teams is (2)as difficult as (3)those required for (4)long-distance runners.

(4) A: Have you (1)heard (2)this new idea of (3)the boss?
B: No, I haven't. Tell me (4)what it is.

(5) It is foolish (1)of him to (2)meet her again, because she doesn't care (3)much (4)of him.

(6) (1)Every German bus driver (2)gets paid twice (3)as many as a British bus driver (4)does.

(7) (1)He's been (2)everywhere —— he's (3)ever been (4)to Antarctica.

(8) Rick (1)will (2)telephone you (3)the moment he (4)will come back.

(9) A: Hello, Linda. Did you (1)have (2)a good time at Jim's party?
B: Yes, I (3)had.
A: Did you see anybody (4)interesting?

(10) A: (1)Thanks so much (2)for looking (3)after the children.
B: That's all right. (4)All the time.

(11) There's (1)no fear to be frightened (2)of the dog; he's quite (3)gentle and (4)harmless.

(12) A: Can we (1)have your opinion (2)on this proposal?
B: (3)In person, I (4)entirely approve of the plan.

20

次の(1)～(10)の各設問について、下線部(1)～(4)のうち、誤りが1個所あります。その番号を答えなさい。

(慶應義塾大－総合政策)

(1) A: I didn't do the last question; that's why (1)didn't I pass.
B: (2)So if you'd (3)done the last question, you'd have passed, (4)wouldn't you?

(2) (1)Driving carefully, the car (2)will (3)do fifty miles (4)to the gallon of gasoline.

(3) Hey, (1)you two! You must (2)each listen carefully (3)to what (4)another says.

(4) He (1)is determined (2)to finish the job (3)whenever long it (4)takes.

(5) (1)Not nowhere in the Andes (2)is there a mountain (3)as high as Mount Everest in (4)the Himalaya Mountains.

(6) We tried (1)for hour to solve our problem; Jane came up (2)with an answer after she (3)studied the problem (4)alone.

(7) A: I can't see how this machine works.
B: (1)Everything you do (2)is press that button, slide the film in this way round, (3)push it in and (4)it's ready to use.

(8) Tom (1)clearly had no (2)intention of doing his work, (3)although it was (4)only week till the examination.

(9) Cattle (1)is slaughtered (2)two thousand miles from the place where (3)the meat will (4)sell.

(10) John (1)is suffering from the (2)effects from eating too much (3)fruit. He should quit (4)doing it.

21

以下の各文は、下線部(a)～(d)のいずれか1つが誤っているために正しい英文になっていない。誤りのある個所を選び、その符号を答えなさい。

(上智大－文)

(1) I like (a)all kinds (b)of music; I am always (c)happy and pleasant when (d)I am listening to music.

(2) (a)The staffs of our club (b)have to work very hard (c)to prepare for the summer workshop (d)which will be held in August.

(3) (a)As soon as I (b)entered this university, (c)I joined a tennis club and (d)got acquaintance with many other students.

(4) (a)I have just moved to Tokyo two months (b)ago, so (c)I have not yet had time (d)to get a good look at the city.

(5) (a)Realizing that (b)what he said was true, it was a good idea to (c)spend more time in study and (d)less in play.

(6) (a)All problems in the examination seemed (b)so difficult that (c)I despaired of getting (d)a passing grade.

(7) (a)She congratulated on my birthday and (b)expressed the wish (c)that I might have (d)many more happy birthdays.

(8) (a)I never want to say that (b)I am bored with life, but I certainly (c)am not satisfied with my (d)present situation.

(9) He (a)was caught by a huge wave and (b)drowned, but a lifeguard, (c)seeing him go down, (d)swam out and rescued him.

(10) I wanted (a)to go abroad (b)during the two-week winter vacation, but (c)my parents objected and (d)prohibited me to go.

(11) (a)I persuaded her to (b)try out for the play, but she (c)refused to do so, saying that she was (d)too busy with her studies.

(12) (a)The more I learned English words, (b)the more interested I got in English and (c)the greater pleasure I was able (d)to take in my study.

(13) (a)If I practiced more before the competition, (b)I would have done better in it and I would not have (c)felt so depressed (d)when it was over.

(14) I want (a)to experience everything I can during (b)these four years of university life, so that (c)when I graduate, (d)I will not regret.

(15) (a)We waited and waited (b)for the rain to stop, hoping to be able to play (c)the scheduled game, but (d)at last it never stopped.

22

次の各英文(a)〜(j)の各下線部(1)〜(5)のうち、誤りを含む個所を選び、その番号を答えなさい。　　　　　　　　　　　　　　　　　　（慶應義塾大－法）

(a) The girl (1)in a blue sweater (2)entered the room where the meeting (3)concerned to (4)the students' violent behavior (5)was going on.

(b) (1)Suppose (2)it will rain this weekend; we (3)shall have to cancel our plan to (4)go hiking (5)in the mountains.

(c) (1)According to the newspaper, (2)there's going to be (3)a Beethoven's violin concerto (4)by the Boston Symphony Orchestra (5)on television this afternoon.

(d) As she (1)wanted (2)to hear George's opinion, Nancy said to him, "(3)How do you think (4)about the (5)natural resources problem, George?"

(e) Linda is always (1)being cautioned by her supervisor (2)to not devote (3)herself to things (4)irrelevant to her academic (5)objectives.

(f) I think that, (1)in ten years, (2)most of people in Japan will (3)appreciate that personal computers (4)are (5)a means of education.

(g) While you're staying (1)here with us, you (2)can help yourself (3)to (4)the milk or fruit in the refrigerator (5)any times.

(h) Lester really wanted to know (1)the reason (2)of (3)Mary's not writing (4)to him (5)for such a long time.

(i) There was great (1)confusion about where the reception, (2)commemorating (3)the company's 10th anniversary, (4)was going (5)to have taken place.

(j) If you (1)learned (2)of that fact last year, you (3)would probably have (4)quit smoking (5)by now.

23

以下の(1)～(10)の例文は、下線部(a)～(d)のいずれか1つが誤っているために、正しい英文になっていない。誤りである個所を選び、その符号を答えなさい。

（上智大－国際法・文）

解答・解説 p.90

(1) (a)Every students (b)may enter the room (c)whenever they desire (d)to do so.

(2) She (a)is good at (b)playing a piano; she (c)can play it better than (d)anyone else in our class.

(3) (a)Any modern novelist (b)would be thrilled to have (c)his stories (d)comparing with Dickens.

(4) (a)If I had more time (b)to read the novel, I (c)would have found it (d)more interesting.

(5) (a)After the critics have seen the two plays, they (b)were able to judge (c)which is (d)the more effective and moving.

(6) (a)Tired as he was, he had (b)to finish to read the book (c)through in order to be able to (d)report on it the next day.

(7) The supervisor (a)was advised to give the assignment (b)to whomever (c)he believed had a strong (d)sense of responsibility.

(8) When we (a)were discussing the problem, (b)a friend of mine (c)gave me an advice which (d)turned out to be useful in finding a solution.

(9) (a)These kind of people who (b)have little education, who have no (c)desire for cultural pursuits, and (d)whose sole purpose is acquiring wealth are not the type I wish to associate with.

(10) It was when I (a)was approaching to the station (b)that the accident occurred: a child (c)rushed in front of an oncoming car and (d)was hit.

24 (1)～(10)の英文につき、慣用的に正しくない語または句を(a)～(d)より1つ選び答えなさい。　　　　　　　　　　　　　　　　（上智大－法）

(1) (a)Even though there (b)are about 40 countries in the United Nations in 1955, there are (c)more than three times (d)as many now.

(2) When I (a)tried phoning the airline for a reservation, I (b)find that the plane I want (c)to take has been filled to (d)capacity.

(3) The report I read said that 60 percent (a)of all Frenchmen firmly felt that the United States (b)should not have used bombs (c)unless the country had no other means to defend (d)themselves.

(4) When one (a)has to work for (b)himself, you can (c)expect great things (d)to be accomplished in the future.

(5) (a)Having written *The Old Man and the Sea*, the Nobel Prize Committee (b)awarded Hemingway (c)the Nobel Prize (d)for literature.

(6) *The Fiddler on the Roof* (a)was not only popular (b)with Japan but (c)also (d)abroad.

(7) (a)To lose weight I would (b)suggest for you to give up (c)eating so much (d)fish and chips.

(8) To study English in Japan and then (a)going to a foreign country (b)are two excellent ways (c)to learn (d)to speak English quickly.

(9) She went (a)to home (b)alone, (c)along dark, dangerous streets, and was not (d)even frightened.

(10) She (a)could have caught the bus, but she (b)doesn't run, so (c)she was late (d)for classes.

25

次の英文(1)〜(5)の空所に入れる語句として、それぞれのA〜Eのうち1つだけ不適当なものがある。それを答えなさい。　　　（早稲田大－法）

(1) I (　　) playing tennis early in the morning.
　　A am　　B dislike　　C enjoyed　　D hope　　E prefer

(2) I have (　　) visited Hokkaido.
　　A ever　　B never　　C often　　D rarely　　E twice

(3) He worked hard (　　) the summer.
　　A after　　B at　　C during　　D in　　E throughout

(4) She (　　) that she has been badly treated.
　　A feels　　B knows　　C speaks　　D thinks　　E writes

(5) When I saw her last time I thought she (　　) tired.
　　A appeared　　B looked　　C seemed　　D showed　　E was

26

次の(a)〜(h)には、下線部(1)〜(4)のいずれか1つに文法上の誤りがあります。誤りを含んでいる個所の番号を答えなさい。　　（明治学院大－文）

(a) The engineers (1)decided to quit their jobs at the plant because (2)they could not longer (3)believe in (4)the complete safety of nuclear energy.

(b) The doctor recommends that (1)he stop (2)to smoke because there is (3)a lot of evidence that smoking is (4)a prime cause of lung cancer.

(c) (1)While the Middle Ages which (2)followed (3)Roman times, superstition (4)reigned.

(d) (1)I tell you he is a man (2)you can turn for help (3)whenever you (4)get into any kind of trouble.

(e) (1)More and more attention is given to (2)natural foods (3)so as to (4)improve their health of human beings.

(f) (1)With most children there are (2)certain years of childhood (3)which every parent feels (4)ought to free from the burdens and responsibilities of life.

(g) (1)In former days a teacher (2)was expected to be a man of exceptional knowledge or wisdom, (3)to which words men would (4)do well to attend.

(h) It is perhaps (1)a natural human impulse (2)to view with horror and disgust all manners and customs (3)differ from those (4)we are used to.

27

次の(a)〜(e)には、下線部(1)〜(4)のいずれか1つに文法上の誤りがあります。誤りを含んでいる個所の番号を答えなさい。　　　(明治学院大－文)

(a) What distinguishes the human brain from (1)these of other animals (2)is the variety of (3)more specialized activities it is (4)capable of learning.

(b) (1)The idea that the computer (2)will someday match or exceed the intellectual abilities of human beings (3)have been put forward repeatedly (4)ever since the computer was invented.

(c) (1)The Millers moved (2)into their present house in San Francisco (3)right after Frank (4)graduated college.

(d) (1)Recent studies have shown that (2)many think that (3)having not a college education (4)is a great handicap.

(e) If you devoted (1)half as much time and energy to solving problems (2)as you do (3)to worry about them, (4)you wouldn't have any worries.

28 Ⓑ

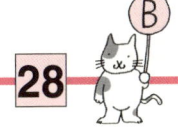

次の(イ)〜(ヲ)の文から、文法的にも意味的にも適切なものを5つ選び、記号で答えなさい。
(慶應義塾大－理工)

(イ) When Ken realized he was locked out of the house, he tried knocking on the door.

(ロ) The bank robber tried hijacking an airplane to Cuba, but he was captured at the security gate.

(ハ) Twelve policemen are searching the young boy who has been missing since last Thursday.

(ニ) The customs officers thought I was carrying drugs, so they searched for me very carefully.

(ホ) "I suggest to go by bus," the travel agent said to Mike.

(ヘ) It was so hot that our teacher suggested having a lesson in the garden.

(ト) No one died in the plane crash, but many people were wounded.

(チ) The authorities apprehended the armed robbers, but three policemen were wounded in the fighting.

(リ) Just in case the teacher comes, let's hide our cigarettes.

(ヌ) Even in case he gets rich, I have no intention of marrying him.

(ル) The colors of the new carpet and the living room walls don't match.

(ヲ) That skirt really suits your shoes, Ann.

29

次の(1)〜(4)のそれぞれの下線部には間違っている個所が1つある。その間違った個所を正しい語(句)に書き換えなさい。　　（慶應義塾大－理工）

(1) There are many different ways of comparing the economy of one nation with those of another.

(2) Globes and maps have been important throughout history, but never many so than today.

(3) Benjamin Franklin's ability to learn from observation and experience contributed greatly to him success in public life.

(4) Fertilize farmland is one of the biggest natural resources in the United States.

30

次の日本語文の英語訳として最も適切なものはどれか。(a)〜(d) の中から1つ選び答えなさい。　　　　　　　　　　　（上智大－文・法）

（1）「彼はご親族ですか？」「はい、私の兄弟です。」
　(a)　"Is he in relationship with you?"　"Yes, he's my brother."
　(b)　"Is he related to you?"　"Yes, he's my brother."
　(c)　"Is he relative to you?"　"Yes, he's my brother."
　(d)　"Is he with relation to you?"　"Yes, he's my brother."

（2）会社は過去2年間、多大な損失に苦しんできました。
　(a)　The company has pained huge losses over the past two years.
　(b)　The company has had hurt huge losses over the past two years.
　(c)　The company has suffered huge losses over the past two years.
　(d)　The company has put up huge losses over the past two years.

（3）留守中、家をよろしく。
　(a)　You will care for the house while I'm away, won't you?
　(b)　You will look in the house while I'm away, won't you?
　(c)　You will look the house after while I'm away, won't you?
　(d)　You will take care of the house while I'm away, won't you?

（4）彼女はとても人気があり、誰とでもうまく付き合える。
　(a)　She is very popular and seems to be in good terms to everyone.
　(b)　She is very popular and seems to get on well with everyone.
　(c)　She is very popular and seems to get society with everyone.
　(d)　She is very popular and seems to be social butterfly with everyone.

（5）どうしてあんな失礼なことにがまんできるのですか？
　(a)　How can you tolerant with that sort of rudeness?
　(b)　How can you approve to that sort of rudeness?
　(c)　How can you agree on that sort of rudeness?
　(d)　How can you put up with that sort of rudeness?

31 Ⓑ

次の日本文の意味にもっとも近い英文を(a)〜(d)のなかから1つ選び、その記号を答えなさい。　　　　　　　　　　　　（上智大−文・法）

（1）この車を修理するのはもったいないですよ。
- (a) It is not worth to repair the car.
- (b) Repairing the car is not worth.
- (c) The car is not worth repairing.
- (d) It is not worth the car to repair.

（2）一緒に行こうと彼女を誘いました。
- (a) I proposed her to come with me.
- (b) I proposed for her coming with me.
- (c) I proposed that she will come with me.
- (d) I proposed that she come with me.

（3）どこを探してもその犬は見つからなかった。
- (a) The dog was nowhere to be found.
- (b) Nowhere was the dog be found.
- (c) The dog was not there to be found.
- (d) There was not a place where the dog was found.

（4）できればここに残っていたいのです。
- (a) I would rather to stay here.
- (b) I would rather than I stay here.
- (c) I would rather staying here.
- (d) I would rather stay here.

(**5**)　経験が足りないので、彼女に決定権をすべて与えてしまうことはできないですね。
- (a) She cannot be entrusted with full decision-making power because she lacks of experience.
- (b) She cannot be entrusted with full decision-making power because she is insufficient in experience.
- (c) She cannot be entrusted with full decision-making power because she has too little experience.
- (d) She cannot be entrusted with full decision-making power because she does not have experience so much.

(**6**)　ラリーは足を折っただけでなく、腕も怪我してしまった。
- (a) As well as breaking his leg, Larry hurt his arm.
- (b) As well as he broke his leg, Larry hurt his arm.
- (c) As well as broke his leg, Larry hurt his arm.
- (d) As well as did he break his leg, Larry hurt his arm.

(**7**)　その人を見た瞬間、自分が探していた人だとすぐに分かった。
- (a) The moment which I saw him, I knew he was the one I had been looking for.
- (b) The moment I saw him, I knew he was the one I had been looking for.
- (c) The moment when I saw him, I knew he was the one I had been looking for.
- (d) The moment of seeing him, I knew he was the one I had been looking for.

(**8**)　今朝はどうかしたのですか？
- (a) What was it the matter this morning?
- (b) What mattered to you this morning?
- (c) What did matter to you this morning?
- (d) What was the matter with you this morning?

(**9**) 会議の結果は委員会のメンバー以外には秘密だった。
  (a) The results of the meeting remained as a secret among the committee members.
  (b) The results of the meeting remained being a secret among the committee members.
  (c) The results of the meeting remained to be a secret among the committee members.
  (d) The results of the meeting remained a secret among the committee members.

(**10**) いつおいでになっても大歓迎です。
  (a) No matter when you will come, you will be more than welcome.
  (b) No matter when you come, you will be more than welcome.
  (c) No matter when are you coming, you will be more than welcome.
  (d) No matter when to come, you will be more than welcome.

32 B

次の各文の下線中、1個所だけ不適当な語句がある。その番号を答えなさい。不適当な語句のない文は5と答えなさい。　（慶應義塾大－商）

(イ) It was during (1)the 1770's that the friendship (2)between Johnson and Boswell reached (3)their (4)highest point.

(ロ) (1)Is there no one among you to (2)whom I can turn (3)to for (4)advice and comfort?

(ハ) The (1)less mistakes one (2)makes, the (3)greater is (4)one's chance of survival.

(ニ) (1)The ideas I had when I (2)was in my country (3)are the same as (4)that I have now.

(ホ) The (1)desire to make (2)a profit (3)motivates business executives (4)organizing and operate their firms efficiently.

(ヘ) The (1)biggest of (2)all the (3)planets in the (4)solar system is Jupiter.

(ト) Shipbuilding was (1)one of (2)the first (3)industry to be (4)established in the American colonies.

(チ) (1)All together there (2)have been ten (3)cases of cancer reported during the (4)past two years.

(リ) I (1)lived in this neighborhood (2)for more (3)than 10 years and I will not (4)move now.

(ヌ) (1)While asleep in (2)the train, a thief (3)picked (4)my pocket.

33

次の英文(a)～(j)の各下線部(1)～(5)のうち、誤りを含む個所を選び、その番号を答えなさい。誤りがない場合には、0と答えなさい。

（慶應義塾大－法）

(a) (1)Our supervisor told us (2)that we had (3)to finish (4)the report completely (5)until tomorrow.

(b) (1)When I went to the post office (2)before coming to school (3)this afternoon, (4)there were (5)no any letters for me.

(c) (1)I believe you know (2)whom was responsible (3)for (4)the accident that (5)occurred yesterday.

(d) (1)When we arose the next morning, (2)we discovered (3)that the river rose (4)another foot during the night, (5)making the crossing impossible.

(e) (1)A few of the new students arrived (2)over the weekend, (3)and the rest are expected (4)in the next day (5)or two.

(f) (1)His uncle is owning (2)no fewer than ten houses, (3)and all of them are (4)let at (5)very high rents.

(g) (1)When I look back on the many family dinners (2)Mother had prepared (3)over the years, (4)I wonder why she never (5)expected help for Dad and me.

(h) (1)Without never asking (2)permission (3)Karen got up and (4)walked out (5)of the classroom.

(i) $_{(1)}$Now that he has $_{(2)}$to travel $_{(3)}$a long way to work $_{(4)}$he uses to get up $_{(5)}$as early as five o'clock.

(j) $_{(1)}$One of the few things $_{(2)}$a person can do when $_{(3)}$they are robbed is $_{(4)}$to call $_{(5)}$to the police.

34

次の(**1**)から(**10**)までの各英文中の下線部に誤りが1つあれば、その個所を(a)〜(d)の対応する符号を答え、誤りがなければ(e)と答えなさい。

(上智大－外国語)

(1) $_{(a)}$Once we get $_{(b)}$somewhat accustomed $_{(c)}$to things and the newness wears $_{(d)}$out, our laziness and selfishness again begin to appear.

(2) I don't care if we $_{(a)}$have to stand here all afternoon, $_{(b)}$as far as we $_{(c)}$get to see the princess when she $_{(d)}$comes out.

(3) Was $_{(a)}$he Akutagawa Ryunosuke or $_{(b)}$Dazai Osamu $_{(c)}$who wrote $_{(d)}$"Saihô no Hito?"

(4) $_{(a)}$The new equipment that $_{(b)}$was installed recently in the physics laboratory cost over $_{(c)}$ten million yen $_{(d)}$each.

(5) The scholarship $_{(a)}$should $_{(b)}$be awarded to $_{(c)}$whoever $_{(d)}$gets the highest mark in the qualifying examination.

(6) "I am not," she said $_{(a)}$emphatically, "$_{(b)}$Going to betray his confidence $_{(c)}$by telling you $_{(d)}$what he said."

(7) (a)To the artist's dismay, the picture (b)was hung (c)upside down; to his (d)embarrassment, no one noticed the error.

(8) Humming quietly (a)to herself, (b)running her fingers gently through little (c)Maria's golden hairs, the fond mother was gazing down at the child (d)asleep in her lap.

(9) We have a number of (a)other suggestions (b)beside these (c)for the improvement (d)of the system.

(10) Strange as (a)it may seem, my grandmother has the same (b)kind of word processor (c)as my older brother's (d)one.

35

次の(1)〜(10)の各文において、下線部に文法的な誤りのある場合、その個所を答えなさい。誤りがなければ、e と答えなさい。　　（上智大一法）

(1) (a)Some people are pessimistic, (b)fearing that (c)the talks may even turn out to be disadvantageous to Japan, (d)what others are doubtful that his visit will even materialize.

(2) (a)On vital importance is (b)whether before visiting the U.S., he will (c)dramatically change his (d)stand on the sales tax issue.

(3) He is (a)still taking a fighting stance, but the probability is (b)steady growing that his (c)coming visit to the U.S. will be his (d)last.

(4) Obsessed (a)with his desire to remain (b)in power and to revise the taxation system, he is seeking some way of keeping his administration (c)in business (d)by continuing debate on the sales tax.

(5) (a)The yen appreciation and U.S. (b)retaliatory measures (c)are (d)forcing crisis in Japan's industries.

(6) Making (a)matters even (b)worse for him are the drastic appreciation of the yen vis-à-vis the dollar and the (c)intensification of economic friction between Japan and the U.S. (d)symbolized by the retaliatory measures taken by Washington over the semiconductor issue.

(7) (a)However, (b)the mood within the LDP has changed drastically during the past couple of months, and there (c)seem little chance of realizing (d)even this plan.

(8) (a)In spite of this, he is (b)still resolved to secure the enactment of the sales tax by postponing its (c)implementation or revising (d)his contents.

(9) (a)The Republic of Korea, (b)the closest of Japan's Asian neighbors (c)has striving to (d)promote the process of democratization.

(10) Even (a)if the budget is approved (b)by railroading through the Lower House, the future of the sales tax would (c)still (d)remain on doubt.

36

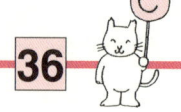

次の英文の下線部(a)〜(d)の中に、1つ誤りがある。その誤った個所の記号を、答えなさい。

(早稲田大—社会科学)

(1) The cost of groceries (a)have risen (b)so rapidly during the past two decades that poor families (c)can scarcely buy (d)as much food as they need.

(2) Families (a)who are (b)enough fortunate to own a historic home (c)may be able to get money (d)to restore it.

(3) The (a)Japanese Government (b)expressed concern (c)about the large (d)amount of people killed in the airplane accident.

(4) The Pacific Trade Center, (a)the tallest skyscraper in this city, (b)has eight floors (c)taller than the old record (d)holder, the Green State Building.

(5) (a)The most Americans were killed in World War Ⅱ than (b)in any other war (c)since the country was (d)founded.

(6) "(a)Leave us (b)face the fact that (c)we're now in (d)trouble!" shouted our boss.

37

次の文(1)〜(4)にはそれぞれ1つずつ誤りがある。その個所を下線部(イ)〜(ニ)から1つずつ選び、その符号を答えなさい。　　　(立教大－経済)

(1) (イ)By pulling rabbits from a hat, the magician (ロ)did all she could (ハ)excite the imagination (ニ)of the children in the audience.

(2) Sam prefers (イ)the more elegant car (ロ)but which is (ハ)much too (ニ)costly.

(3) If she (イ)had taken (ロ)more money (ハ)out the bank, she (ニ)could have bought the suitcase.

(4) John (イ)is thinking about (ロ)going on a trip (ハ)in the near future and so (ニ)Mary is.

38

次の日本文(**1**)～(**8**)のそれぞれにつき、最もふさわしい英文を a. ～ d. より 1 つ答えなさい。

（早稲田大－教育）

(**1**) それはガレージに 2 週間置いたままになっています．
　　a. It has been laying in the garage for two weeks.
　　b. It has been sitting in the garage for a fortnight.
　　c. It has placed in the garage these two weeks.
　　d. It has been put in the garage since two weeks ago.

(**2**) このズボンはアイロンをかける必要がある．
　　a. These trousers need pressing.
　　b. This trouser is necessary to iron.
　　c. This pair needs for being pressed.
　　d. Ironing is needy for this pair of trousers.

(**3**) お部屋は気に入っていますか．
　　a. Do you satisfy with your room?
　　b. Is your room to your liking?
　　c. Is your room in favor of you?
　　d. Do you like a room?

(**4**) そこにいてください．迎えに行きますから．
　　a. Stay put. I'll come and get you.
　　b. Stay there. I'll go and pick up you.
　　c. Don't move. I'm on the way to call you.
　　d. Hold on. Let me go and collect you.

(**5**) 赤ちゃんの予定日はいつですか．
　　a. How soon will a baby be born?
　　b. When do you have a baby?
　　c. When are you starting a family?
　　d. When is your baby due?

（**6**）宿題を手伝ってくれませんか．
　　a. Can you help me my homework?
　　b. Can you assist my doing homework?
　　c. Can you help me with my homework?
　　d. Can you assist me to do my homework?

（**7**）パーティーでは大いに歌い踊りました．
　　a. We did a lot of singing and dancing at the party.
　　b. We sang and danced greatly at the party.
　　c. We had singing and dancing a great deal at the party.
　　d. We were doing much of the songs and dances at the party.

（**8**）お勤めはどちらですか．
　　a. What is your location of the office?
　　b. Who do you work for?
　　c. What is your duty, may I ask?
　　d. What company are you working?

39　下の各文の下線部(a)〜(e)の中で、文法または語法に誤りのあるものをそれぞれ１つずつ選び答えなさい。　　　　　　　　　　　（早稲田大－理工）

（**1**）It is essential that (a)all applications and transcripts (b)are filed (c)no later than July 1; if you fail to do so by the deadline, you will not be accepted (d)by the university no matter (e)how smart you are.

（**2**）(a)The value (b)of the yen (c)declines (d)as the rate of inflation (e)raises.

（**3**）Although (a)no country has exactly the same country music (b)like (c)that of (d)any other, it is significant that similar songs (e)exist among widely separated people.

(4) (a)Never (b)before (c)so many people in Japan (d)have (e)been interested in softball.

(5) Excavations (a)in several mounds and villages (b)on the east bank of the Euphrates River (c)have revealed the city of Nebuchadnezzar, and ancient community that had been (d)laying under (e)later reconstructions of the city of Babylon.

(6) (a)Alike other (b)forms of energy, LP gas may be used to heat (c)homes, cook (d)food, and even (e)run automobiles.

(7) Dresses, skirts, shoes, and (a)children's clothing (b)were advertised (c)at (d)great reduced prices (e)at the department store last weekend.

(8) (a)A mail that is postmarked (b)on Monday before noon and (c)sent express can be delivered (d)the next day (e)anywhere in the United States.

(9) Many a man (a)faced (b)with (c)seemingly insurmountable problems (d)have considered suicide (e)as an escape.

(10) Wounded (a)by an assasin's bullet while (b)he (c)was watching a play at the Ford Theater, (d)death came to Lincoln (e)a few hours after being shot.

解答・解説 p.131

40

次の日本文の英語訳としてもっとも適切なものはどれか。(a)～(d)のなかから1つ選び答えなさい。　　　　　　　　　　　　　　　　（上智大－文・法）

(1) 4人が乗っていた、黒いアメリカ製の大型車が警察によって停車させられた。
- (a) A black American big car with four men in it was stopped by the police.
- (b) An American big black car with four men in it was stopped by the police.
- (c) A big black American car with four men in it was stopped by the police.
- (d) A black big American car with four men in it was stopped by the police.

(2) 中国人は美食家だと評されています。
- (a) A Chinese is reputed to like good food.
- (b) The Chinese is reputed to like good food.
- (c) The Chinese are reputed to like good food.
- (d) Chinese is reputed to like good food.

(3) お茶が好きな人もいれば、コーヒーのほうが好きな人もいるし、ただの水が好きな人もいる。
- (a) Some people like tea, the others prefer coffee, and others like plain water.
- (b) Some people like tea, others prefer coffee, and some other like plain water.
- (c) Some people like tea, some other prefer coffee, and the others like plain water.
- (d) Some people like tea, some prefer coffee, and some like plain water.

(4) この2つのケーキを食べてはいけません。これも、あれも、どちらもだめです。

    (a) You can't eat both of these two cakes — not this, either that one.

    (b) You can't eat all of these two cakes — not this, or that one.

    (c) You can't eat either of these two cakes — not this, nor that one.

    (d) You can't eat any of these two cakes — not this, either that one.

(5) 注意しないと椅子を壊してしまいますよ。

    (a) You're breaking the chair if you won't be careful.

    (b) You're going to break the chair if you're not careful.

    (c) You would break the chair if you won't be careful.

    (d) You will break the chair if you were not be careful.

(6) おやおや。お風呂に入ったばかりなのに、もう汚くなってしまって。

    (a) Look at you! You've just had a bath and now you're filthy.

    (b) Look at you! You've just had a bath and now you've been filthy.

    (c) Look at you! You'd just had a bath and now you're filthy.

    (d) Look at you! You just had a bath and now you've been filthy.

(7) 私は8月にこの本を書き始めました。年末には6ヵ月以上執筆にかかっていることになります。

    (a) I started writing this book in August. About the end of this year, I'll be writing it for more than six months.

    (b) I started writing this book in August. Till the end of this year, I'll be writing it for more than six months.

    (c) I started writing this book in August. At the end of this year, I'll have written it for more than six months.

    (d) I started writing this book in August. By the end of this year, I'll have been writing it for more than six months.

(8) 急ぎなさい。出発していなければならない時間ですよ。
  (a) Hurry up! It's time we have left.
  (b) Hurry up! It's time we would leave.
  (c) Hurry up! It's time to have left.
  (d) Hurry up! It's time we left.

(9) 手が空いていれば、喜んでお手伝いするのですが。
  (a) I will willingly help you, if I were free.
  (b) I would willingly help you, if I were free.
  (c) I will willingly help you, if I am free.
  (d) I am willingly helping you, if I am free.

(10) そんなつまらないことであなたが狼狽したとは、驚きです。
  (a) I am surprised that you should have felt upset about such a trivial matter.
  (b) I am surprised that you might have felt upset about such a trivial matter.
  (c) I am surprised that you have had felt upset about such a trivial matter.
  (d) I am surprised that you must have felt upset about such a trivial matter.

(11) 「彼はこの部門の担当者ではありません。」「そうですが、そんな行動をとっていますよ。」
  (a) "He is not in charge of this department." "But, he behaves as it."
  (b) "He is not in charge of this department." "No, but he behaves as if he were."
  (c) "He is not in charge of this department." "Yes, yet he behaves like such."
  (d) "He is not in charge of this department." "Though, he behaves like it."

(**12**) 「もうやめましょうか。」「まだ続けましょう。」

    (a) "Shall we stop now?" "I'd rather not."

    (b) "Shall we stop now?" "I should have not stopped."

    (c) "Shall we stop now?" "We still continue."

    (d) "Shall we stop now?" "It won't be as well."

(**13**) 「生か死か、それが問題だ」と言ったのは誰ですか。

    (a) Who that said was it, "To be, or not to be; that is the question"?

    (b) Who was it that said, "To be, or not to be; that is the question"?

    (c) Who was that said, "To be, or not to be; that is the question"?

    (d) By whom had said, "To be, or not to be; that is the question"?

(**14**) そのために彼が罰せられたのは当然であった。

    (a) Quite properly, he was punished for it.

    (b) He deserved it so that he was punished for it.

    (c) He was due to have been punished for it.

    (d) It was of course that he was punished for it.

41

次の(1)～(4)のそれぞれにつき、正しい文をすべて答えなさい。

（早稲田大－教育）

(1) a. He accused me not to arrive there in time.
b. He accused me of taking bribes.
c. He accused me for having neglected my work.
d. He accused me that I failed to keep my words.
e. He accused me of bad behavior.

(2) a. That bakery produces a great number of bread a day.
b. A great deal of magazines are published every month in Japan.
c. He has made a lot of money from his new enterprise.
d. We ate a nice bit of loaf at supper.
e. Lots of stones and water rushed down from the middle of the mountain.

(3) a. Every student at the school can join the trip around Europe.
b. Could I have some of those apples?
c. Any children have not turned in their homework.
d. Each man assembled at the corner of the street.
e. Let me know if you need some help.

(4) a. The committee meeting is set for tomorrow.
b. I can run a mile under four minutes.
c. We've got to get to the destination till the end of the day.
d. Some people have collapsed from the heat so far.
e. The delegation left for New York in the afternoon of February 14th.

42

次の各文(1)～(10)のうち誤っている文が3つある。誤っている文の番号を答え、例にならって誤った部分を訂正しなさい。
(例) 0. We had heavy lunch.　［解答例］（ 0 ） heavy → a heavy

（慶應義塾大－経済）

(1)　I heartily wish you every success.

(2)　It is silly to ask me who know nothing about it.

(3)　It was a fair, warm day in the fall.

(4)　He called both of us — Robert and I — by telephone.

(5)　The guests of honor will be the co-captains: you and he.

(6)　We expressed Mary our thanks.

(7)　He sometimes forgets his gentlemanly habits.

(8)　The meeting will be held on October 5.

(9)　A series of misfortunes have happened to his family.

(10)　His refusal of playing the baseball game provoked the boys.

43

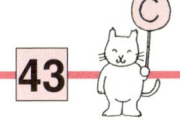

次の各文の中から文法的に正しいものを4つ選び、番号で答えなさい。

（慶應義塾大－理工）

(1) It is very happy for me to have you with us.

(2) He is very satisfactory to hear that she is coming home.

(3) She is sure to make an able scholar.

(4) It is now known that more than one diver is missing.

(5) Eighty pounds are too much to pay.

(6) She is the one whom I think saw what happened.

(7) There are some patients the seriousness of whose illnesses makes it impossible to treat them at home.

(8) He gave apples to whomever visited his garden.

(9) Do you think your father would object to lend me some money?

(10) The speaker said he would confine himself to trying to answer three questions.

44

次の(**1**)〜(**10**)のそれぞれ(a)、(b)、(c)、(d)の4つの文の中に誤りがある文がひとつある場合と、全部正しい場合とがある。前者の場合には誤りのある文の符号を答え、後者の場合には(e)と答えなさい。

(上智大－外国語)

(**1**) (a) Please don't forget to give it back a week from today.
　　(b) Please remember me to give it back a week from tomorrow.
　　(c) Please remind me to return it in a week.
　　(d) Please remind me to give it back to you within two weeks.

(**2**) (a) I'm a complete stranger here.
　　(b) This district is completely strange to me.
　　(c) I'm complete stranger to this area.
　　(d) I don't know anything about the area.

(**3**) (a) How do you like it here?
　　(b) How do you like your new home?
　　(c) How do you like the place?
　　(d) How do you like it?

(**4**) (a) How does everybody think about what she's done?
　　(b) How does everybody see the fact that she's done it?
　　(c) How does everybody feel about what's done about it?
　　(d) How does everybody know she's done it?

(**5**) (a) I used to study until after midnight.
　　(b) I'm used to study far into the night every day.
　　(c) I've got used to working almost every day and night.
　　(d) I'm used to working till late at night.

(6) (a) There is no difference between our views.
      (b) There is no difference at all among our views.
      (c) There is no difference between our views and hers.
      (d) There is no difference whatsoever among both our views.

(7) (a) Mr. Smith lives quite near my place.
      (b) Mr. Smith lives quite close to us.
      (c) Mr. Smith lives in the vicinity of where my uncle works.
      (d) The Smiths lives in our aunt's neighbourhood.

(8) (a) Anne is a girl of ten.
      (b) Anne is a ten-year-old girl.
      (c) Anne is ten years old.
      (d) Anne is ten years old in age.

(9) (a) Last year I read many Hemingway's novels.
      (b) The year before last I read many of Hemingway's short stories.
      (c) Last month I read many Hemingway novels.
      (d) Last week I read many short stories by Hemingway.

(10) (a) We want the car, but we can't afford to buy it.
      (b) We want to go to Guam, and we can afford it.
      (c) We want a country house, but we cannot afford one.
      (d) We want the personal computer, and we can afford none.

45

次の各組のイ～ホのうちで、英文として誤っているものを1つ答えなさい。
(獨協大－外国語)

(1) イ. The whole class were deeply impressed by his speech.
　　ロ. Ten kilometers is too far for me to walk.
　　ハ. My family are all early risers.
　　ニ. The United States is the world's fourth-largest country.
　　ホ. His good advices were always helpful to me.

(2) イ. I like to read in bed before going to sleep.
　　ロ. The life would be very difficult without electricity.
　　ハ. Women are often better teachers than men.
　　ニ. The firemen went to the hospital to put out the fire.
　　ホ. We have to start work at nine tomorrow morning.

(3) イ. I'd love to have been at the party.
　　ロ. It's a waste of money buying things you don't need.
　　ハ. In Japan you have to get used to drive on the left.
　　ニ. He tried writing to her, but she did not reply.
　　ホ. She helped me to solve the problem.

(4) イ. We were disappointed with hearing the news.
　　ロ. The fish were killed by the change of water.
　　ハ. I'm very tired from swimming.
　　ニ. She was offended by his bad manners.
　　ホ. He is known to everybody in this town.

(5) イ. You should go to the dentist every six months.
　　ロ. I am usually very tired when I get home in the evening.
　　ハ. How many people do you know who go to church on Sundays?
　　ニ. Tom has always to hurry in the morning because he gets up late.
　　ホ. I cleaned the house and also cooked the dinner.

46

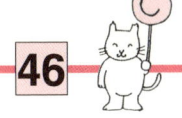

次の **1**〜**5** の中には、文法的に正しい文がそれぞれ 2 つずつ含まれています。それらを答えなさい。　　　　　　　　　　　（慶應義塾大－理工）

1. （ 1 ） Georgina has persuaded her parents to buy a new piano.
   （ 2 ） Georgina has persuaded to her parents to buy a new piano.
   （ 3 ） Georgina has talked her parents into buying a new piano.
   （ 4 ） Georgina has persuaded that her parents buy a new piano.
   （ 5 ） Georgina has talked to her parents into buying a new piano.

2. （ 1 ） Almost all the friends I had in Ireland as a child have emigrated.
   （ 2 ） Almost my childhood friends in Ireland have emigrated.
   （ 3 ） Almost the friends I had in Ireland as a child have all emigrated.
   （ 4 ） The friends I had in Ireland as a child have almost all emigrated.
   （ 5 ） Almost of my friends I had in Ireland as a child have emigrated.

3. （ 1 ） Balthazar succeeded landing a seat beside that famous actress, Lara Marston.
   （ 2 ） Balthazar managed to land a seat beside that famous actress, Lara Marston.
   （ 3 ） Balthazar succeeded to land a seat beside that famous actress, Lara Marston.
   （ 4 ） Balthazar successfully landed a seat beside that famous actress, Lara Marston.
   （ 5 ） Balthazar was successful to land a seat beside that famous actress, Lara Marston.

4. (1) Sam was got to leave school at an early age.
   (2) Sam was forced to leave school at an early age.
   (3) Sam was made leave school at an early age.
   (4) Sam was let to leave school at an early age.
   (5) Sam was made to leave school at an early age.

5. (1) The robber pointed his short-barreled pistol to the bank teller.
   (2) The robber pointed the bank teller with his short-barreled pistol.
   (3) The robber aimed his short-barreled pistol at the bank teller.
   (4) The robber aimed the bank teller with his short-barreled pistol.
   (5) The robber took aim at the bank teller with his short-barreled pistol.

47

次の各文中の空欄(1)～(7)に入れることのできる語句を、それぞれa.～d.よりあるだけ答えなさい。
（早稲田大－教育）

イ．Just tell him he （ 1 ） worry about it.
　a.　doesn't have to　　　　b.　doesn't need to
　c.　need not　　　　　　　d.　needs not

ロ．Sashimi's OK. I can eat （ 2 ） anything.
　a.　almost　　　　　　　　b.　most
　c.　mostly　　　　　　　　d.　most of

ハ．Did you enjoy （ 3 ） movie last night?
　a.　see　　　　　　　　　b.　seeing
　c.　the　　　　　　　　　d.　to see the

ニ．What's the idea （ 4 ） in ?
　a.　about butting　　　　　b.　for butting
　c.　of butting　　　　　　d.　to butt

ホ．Would you like （ 5 ） coffee?
　a.　a cup of　　　　　　　b.　a few more
　c.　some　　　　　　　　d.　some more

ヘ．（ 6 ） you've done?
　a.　Do you know what　　　b.　Is that all
　c.　What's　　　　　　　　d.　What's that

ト．Is there anything I can （ 7 ） ?
　a.　do for you　　　　　　b.　help
　c.　help you　　　　　　　d.　help you with

48

次の(a)～(h)には、下線部(1)～(4)のいずれか1つに文法上の誤りがあります。誤りを含んでいる個所の番号を、例にならって、答えなさい。

〔例〕He gets up (1)around seven and (2)take out (3)his dog (4)for a walk.
2 の take out は takes out の誤りですから、2 が正解です。この 2 を答えます。

(明治学院大－文・社会)

(a) Do not say (1)you are ready to give up (2)until you will have considered (3)all of the possible results of your decision, (4)including the possible loss of your own self-esteem.

(b) (1)If he has never seen it, (2)I would strongly recommend (3)that he saw (4)the movie entitled "The Deer Hunter."

(c) (1)To be watching experienced ballet dancers like her, the young ballerina (2)had her first hint (3)of where her difficult studies (4)might someday lead her.

(d) (1)When it comes to the question (2)of how to pull through (3)these hard times, (4)anybody cannot find an easy solution.

(e) At this university (1)every fifth girl is (2)so attractive you cannot resist (3)to turn to look at them (4)when they pass.

(f) (1)Dismissing a century ago (2)as immoral, the author's masterpiece (3)has continued to touch the minds and hearts of readers (4)around the world.

(g) These children (1)were needing (2)a father's strong hand (3)to discipline them (4)in their early years.

(h) (1)Ask you these questions: (2)What do I want to learn from reading this, and (3)how will I benefit from (4)the knowledge gained?

49

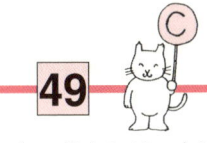

次の英文には，文法上あるいは文脈上，取り除かなければならない語が全部で5語ある。それぞれどのセンテンスのどの語か答えなさい。(東京大)

(1) Some of philosophers come to the conclusion that there is no such thing as philosophical progress, and that philosophy itself is nothing but its history. (2) This view has been proposed by more than one philosopher and it has been called "historicism." (3) This idea that philosophy consists not only of its history is a strange one, but it has been defended with apparently striking arguments. (4) However, we shall not find ourselves are compelled to take such a view. (5) I intend to take an entirely different in view of philosophy. (6) For example, all of you have probably read some of Plato's *Dialogues*. (7) There, Socrates asks questions and receives various answers. (8) He asks what it was meant by these answers, why a particular word was used in this way or that way. (9) In short, Socrates' philosophy tried to clarify thought by analyzing the meaning of our expressions.

50

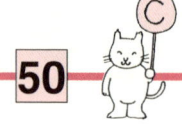

次の英文 (1) 〜 (5) には、文法上取り除かなければならない語が一語ずつある。該当する語とその直後の一語、合わせて二語をその順に記せ。文の最後の語を取り除かなければならない場合は、該当する語と×（バツ）を記せ。
(東京大)

(1) Among the many consequences of those political developments was for one that in the end turned out to be too complicated for the government to handle.

(2) The sacrifices that the two countries have been told they must make are to restore stability to the world economy are almost if not completely the opposite of each other.

(3) Not only did the country become economically successful, but its citizens achieved some level of psychological unity as a people, despite the fact that they became consisted of several distinct ethnic groups.

(4) Science sometimes simplifies things by producing theories that reduce to the same law phenomena previously considered were unrelated — thus clarifying our understanding of the apparent complexity of the universe.

(5) However hard it may have had been to justify the prime minister's support for those groups, she proved herself to be a person of principle by continuing to hold this position despite considerable opposition during the next decade.

51

次の英文は7つ(a)～(g)に分けられている。それぞれの下線を施した部分(1)～(4)のうち、文法ないし語法上、誤っている個所を選び、その数字を答えなさい。
(慶應義塾大-法)

(a)(A move (1)within the U.S. usually means rapid (2)friendships and easy assimilation (3)into community life because of common customs, (4)resource and language.) (b)(The changes (1)involving in an international move (2)include alteration in everyday routines and schedules, life-style, foods and (3)eating habits, manner of (4)speaking, social expectations, social role and job responsibilities.)

(c)((1)Culture shock is (2)the term associated with (3)the impact of differences when you are transplanted to (4)the new country.) (d)((1)It comes as you find yourself (2)amid unfamiliar situations and try to handle them. (3)They affect each individual (4)differently.) (e)(A sense of disorientation comes as you make household arrangements, learn how (1)to get around and where (2)to shop, (3)to establish children in school and (4)find medical facilities.) (f)(Getting settled doesn't happen (1)all that once. Plan (2)on six months, (3)sometimes more, until you are (4)"at home.") (g)(If you will (1)accept that the breaking-in period (2)can be painful, it will (3)reduce self-imposed pressures and (4)result tensions.)

B

河合塾 SERIES

スーパー講義 英文法・語法

正誤問題 改訂版
河合塾講師 高沢 節子 著

解答・解説編

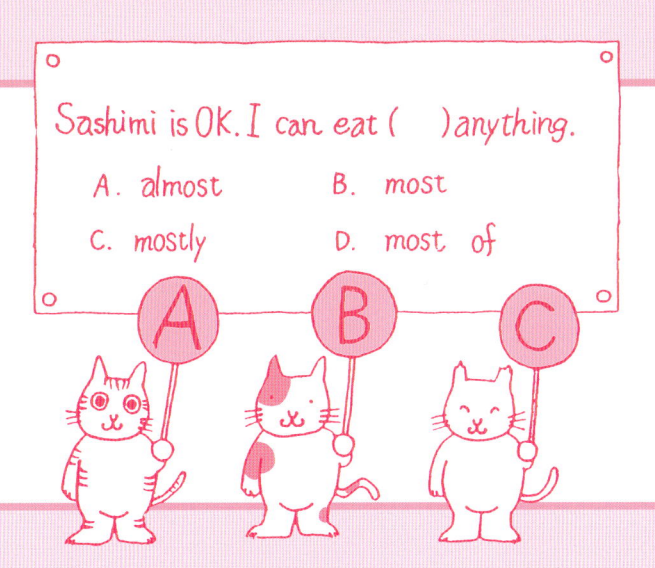

Sashimi is OK. I can eat ( ) anything.
A. almost   B. most
C. mostly   D. most of

河合出版

目 次

1	………………………………………………………………… 4
	発展 活用形でミスを犯しやすい頻出動詞……………………… 4
	発展 副詞の役割…………………………………………………… 5
	発展 say ／ tell ／ speak ／ talk の使い分け………………… 8
	発展 進行形にならないことが問われる動詞「…ている」には用心！……… 10
	発展 hope ／ wish ／ want の使い分け………………………… 12
2	………………………………………………………………… 14
3	………………………………………………………………… 16
4	………………………………………………………………… 20
	発展 入試によくでる不可算名詞………………………………… 20
5	………………………………………………………………… 23
	発展 doing と to- 不定詞で意味の変わる動詞………………… 23
	発展 when 節と if 節内の時制には要注意…………………… 24
6	………………………………………………………………… 25
	発展 each と every の用法……………………………………… 25
	発展 both の用法…………………………………………………… 26
	発展 -ly でも形容詞……………………………………………… 27
7	………………………………………………………………… 30
	発展 rob と steal の受動態……………………………………… 31
	発展 admit の用法………………………………………………… 32
8	………………………………………………………………… 33
	発展 ねらわれる自動詞・他動詞………………………………… 34
9	………………………………………………………………… 38
	発展 suggest の用法……………………………………………… 38
	発展 do ＋ O_1 ＋ O_2 構文：「O_1 に O_2 を与える」…… 39
	発展 would rather ＋（that）節のパターン…………………… 40
	発展 「〜するやいなや」の頻出構文のまとめ………………… 40
10	………………………………………………………………… 42
11	………………………………………………………………… 44
	発展 注意すべき so...that 〜構文と too...to 〜構文の対応…… 44
	発展 ねらわれる派生形…………………………………………… 44
12	………………………………………………………………… 48
13	………………………………………………………………… 50
14	………………………………………………………………… 52
	発展 to- 不定詞をとるグループ………………………………… 52
	発展 動名詞をとるグループ……………………………………… 53

	発展 〜ing か〜ed かを問う形容詞	54
	発展 look like が文もひっぱる？	55
	発展 形容詞などを伴っても a がつかない名詞	58
	発展 search の用法	58
15		60
	発展 read の意外な意味	60
	発展 二重目的語を取らない動詞	60
	発展 形は能動態のままで受動態の意味をあらわすもの	62
16		63
	発展 that ＋主語＋（should）＋動詞（原形）をとる動詞・形容詞	63
17		66
18		70
	発展 強調のために主語になれるのは〈他動詞・前置詞の目的語〉だけ！	70
	発展 It is ＋形容詞＋（for 人）＋ to- 不定詞型の構文をとる形容詞	71
	発展 expensive と cheap の用法	72
	発展 almost／nearly／barely	72
	発展 副詞の位置（原則）	73
	発展 「交換・代償」の for	73
	発展 紛らわしい contrary の熟語	74
19		75
	発展 2者／2者以上／3者以上	75
	発展 名詞の繰り返しを避ける that、those、one、ones の用法	76
	発展 動詞 care の用法	77
20		79
	発展 do の意外な意味	79
	発展 疑問詞＋-ever の譲歩構文＝ no matter ＋疑問詞	80
	発展 名詞 effect の用法	81
21		82
	発展 congratulate と celebrate の用法	83
	発展 forbid と prohibit の用法	84
22		87
	発展 気をつけたい How と What	88
23		90
	発展 S＋V＋O＋C 構文をつくる have	90
	発展 as 「〜だけれども」の用法（語順に注意！）	92
24		94
25		96
26		98

27		100
28		102
	発展 動詞 match／go with／suit／fit／become の使い分け	104
29		105
30		106
31		108
32		110
33		112
34		114
	発展 as far as と as long as の違い	114
	発展 recently、lately、just、just now の用法	115
35		118
36		121
	発展 amount と number の使い分け	121
37		123
38		125
39		128
40		131
	発展 形容詞の配列ルール	131
41		134
42		136
43		138
	発展 ひとまとまりの金額・時間・重さ・距離は複数形でも単数扱い	138
44		140
45		143
	発展 実現しなかった希望	143
46		146
	発展 persuade と talk の用法	146
	発展 almost／most「ほとんど」の用法	146
	発展 使役動詞や動作を促す動詞の用法と意味	148
47		150
	発展 need の用法	150
48		152
49		154
50		156
51		158

1

（1）(b) laid → **lain**

「もしトムが医者に指示されたように静かに寝ていたなら、2度目の心臓発作はなかったかもしれなかっただろう」

➡ 「**横になる、寝る**」は**自動詞 lie**、「**〜を横たえる**」は**他動詞 lay** で表す。この文脈では「横になる」でないとおかしいので、lay の過去分詞 laid ではなく、lie の過去分詞 lain が必要。

$$\begin{cases} \text{lie} - \text{lay} - \text{lain} - \text{lying} \\ \text{lay} - \text{laid} - \text{laid} - \text{laying} \end{cases}$$

発展

活用形でミスを犯しやすい頻出動詞

① 活用形によって意味が違うもの

☑ **hang**	「吊るす」	**hung**	hung
	「絞首刑にする」	**hanged**	hanged
☑ **lie**	「横になる」	**lay**	lain
	「嘘をつく」	**lied**	lied

② 活用形の一部が同じ形のもの

☑ fall	「倒れる」	fell	fallen
☑ fell	「倒す」	felled	felled
☑ find	「見つける」	found	found
☑ **found**	「創設する」	**founded**	founded
☑ **lie**	「横になる」	**lay**	lain
☑ **lay**	「横たえる」	**laid**	laid
☑ **wind**	「巻く」[waind]	**wound** [waund]	wound
☑ **wound**	「ケガをさせる」[wúːnd]	**wounded**	wounded

（発音注意）

③ よく似た語と混同しやすいもの

☑ fly	「飛ぶ」	flew [fluː]	flown
☑ flow	「流れる」	flowed	flowed
☑ rise	「上がる」	rose	risen [rízn]
☑ raise	「育てる、上げる」	raised	raised
☑ **see**	「見る」	**saw** [sɔː]	seen
☑ **saw**	「のこぎりでひく」[sɔː]	**sawed**	sawed/sawn

（発音注意）

☑sew	「縫う」[sou]	**sewed**	sewn/sewed	同音異義語
☑sow	「種をまく」[sou]	**sowed**	sown/sowed	
☑overcome	「打ち勝つ」	overcame	overcome	
☑welcome	「歓迎する」	welcomed	welcomed	

(2) (a) unusual → **unusually**

「いつになく暖かい日だったので、犬は午後の間中、通行人に吠えることもなく木の下で寝ていた」

➡ 形容詞 warm を修飾するには副詞が必要。副詞は動詞、形容詞、副詞、文全体などを修飾できるが、形容詞は形容詞を修飾することができない。

発展

副詞の役割	
動詞を修飾	He speaks **slowly.**「彼はゆっくり話す」
副詞を修飾	He speaks **very slowly.**「彼は非常にゆっくり話す」
形容詞を修飾	This one is **much smaller.**「こっちの方がずっと小さい」
文全体を修飾	**Fortunately, she escaped the danger.**「幸いにも彼女は危険を脱した」

▶ all afternoon「午後中」

(3) (c) or → **nor**

「人は米だけで生きていくことはできないが、米なしでもまた生きていくことはできない」

➡ 否定文に続いて、「～もまたそうではない」という意味を表すのに **nor / neither** を用いる場合は、**nor / neither** ＋(助)**動詞**＋**主語**という語順になる。
ex. He does **not** like eggs, **nor** do I.
「彼は卵が好きではないが、私もだ」

(4) (d) less people → **fewer people**

「産業界の傾向は、より多くの機械、より少ない人手という方向に進んでいる」

➡ 「より少ない〜」は❶ less ＋不可算名詞、❷ fewer ＋可算名詞で表す。不可算名詞ではない people を less で修飾することはできない。「より多くの〜」を表す more は可算名詞・不可算名詞のどちらにも使える。

（5）(b)　are → is

「もう試験や面接のストレスによる緊張は終わったのだから、みなしばらくリラックスできる」

➡ 主語が長くなると、動詞の呼応でひっかかるので注意。主語の中心は stress だから動詞は複数でなく単数の is とすべき。この all は主語を修飾し「…は全員、…はすべて」という意味を表す。この場合、位置は be 動詞や助動詞の後、一般動詞の前になる。

▶ **Now (that) ...**「今や…だから」

（6）(d)　exposing → **exposed**

「確かなのは、米の市場が自由化を求める勢力にますますさらされていくということだ」

➡ 能動態か受動態かを見極めるのがポイント。「米の市場が〜にさらされている」でないと意味が通じないから、**be exposed to 〜**「〜にさらされている」と**受動態**にすべき。cf. expose O to 〜「O を〜にさらす」

（7）(d)　processing → **(to) process**

「コンピュータは主として、答えを計算したりデータを処理するために使われている」

➡ 文全体の構造を見失わないことがポイント。Computers are used to calculate answers and (to) process data. という構造、つまり、be used to do 〜 and (to) do ...「〜するためと…するために使用される」という並列構造になっている。

▶ **primarily**「第一に」「主として」

（8）(b)　hour → **hours**

「6時間ごとに、各気象台はその地域の天候状態を報告する」

➡ **every ＋数詞＋複数名詞**で「〜ごとに」を表す。every six hours と hour を複数形にすれば「6時間ごとに」となる。

(9) **(d)** heavy → **heavily**

「知識と理解の違いはどんなに強調してもしたりない」

⇒ **stress ～ heavily** で「～を非常に強調する」という意味。動詞 stress を修飾するには形容詞 heavy ではなく副詞の heavily が必要。

▶ **cannot ... too ...** 「いくら…しても…しすぎではない」

(10) **(c)** such → **which**

「北米には多くの種類の野生の花がある。そのほとんどは非常に甘い香りがする」

⇒ 2つの文を接続詞ではなくカンマでつないでいる時には、先行詞をゆるやかに修飾する関係詞の非制限用法の可能性を考える。

　cf. 関係詞の制限用法と非制限用法
　①**制限用法**（関係詞節が先行詞を限定修飾する）
　　The book which he mentioned yesterday is this.
　　「彼が昨日話していた本はこれです」
　②**非制限用法**（関係詞節は先行詞を補足説明する）
　　I received a letter from my brother, which I read to my mother.
　　　　　　　　　　　　　(... and I read it to my mother)
　　「私は兄から手紙を受け取った。そしてそれを母に読んでやった」

この設問の場合もカンマだけで連結している点に着眼し、関係詞の非制限用法という方向で考える。

many species of wild flowers が which（＝「その多くの種類の花」）となり、さらにそれに **most of ～**「～のほとんど」がくっついたと考えればよい。

　ex. He has two watches **and both of them** keep good time.
　この文を関係代名詞の非制限用法で表すと、
　　He has two watches, **both of which** keep good time.
　「彼は2つ時計を持っているが、その2つとも時間が正確だ」

(11) **(d)** as a young kid → **as that of a young kid**

「年齢にもかかわらず、彼のパーティーでの行動は幼い子供の行動のように大人げないものだった」

⇒ 比較の対象は his behavior「彼の行動」と the behavior of a young kid「幼い子供の行動」であるはずだから、the behavior of a young kid とするか、〈**the ＋ 前出名詞**〉の代わりになる代名詞 **that** を用いて that of a young kid とする。

(12) (b)　told that → **said that**

「私は図書館で友人に会った。そして、大事なことについてずっと彼女と話がしたかったと言った」

➡ tell が that 節を従える時には、必ず **tell 〈人〉 that ...** としなければならない。say の場合は **say（to 〈人〉）that ...** なので say that ... の形が可能。

発展

say ／ tell ／ speak ／ talk の使い分け

	tell	say	speak※3	talk
that 節	tell 〈人〉 that	say（to 〈人〉）that	×	×
O₁ + O₂	○	×	×	×
O + to do	○※1	×	×	×
O + into 〜	×	×	×	○※2

※1　**tell 〈人〉 to do 〜**「〈人〉に〜するように言う」
※2　**talk 〈人〉 into 〜**「〈人〉に〜するよう説得する」
　　　ex. She tried to talk him into buying a new car.
　　　「彼女は彼を説得して新車を買わせようとした」
※3　speak は、speak English のように〈言語〉を目的語にする他は、自動詞として用いるのが普通。talk も同じく、普通は自動詞で用いる。

▶ **want to do** 〜「〜したい」は普通、進行形にはしないが、**継続を示す場合には進行形にすることがある**。
　　ex. I've been wanting to talk to you.
　　「前々から君と話がしたかった」

(13) (b)　entering the park → **to enter the park**

「この地区では暗くなってから人が公園に入ることは、警備がないために許可されていなかった」

➡ **permit 〈人〉 to do 〜**「〈人〉が〜するのを許可する」

本文ではこれが受動態になっているが、やはり be permitted to do と不定詞にしなければならない。

(14) (b)　to be looked by　→　**to be looked at by**
「舞台で滑って転んだ時、あんな大観衆に見られたのは本当に恥ずかしいことだった」
➡ **look at** ～で「～を見る」だから、これが「A によって見られる」と受動態になっても be looked at by A となり、at がなくなることはない。**受動態になると必要な前置詞を忘れやすいので要注意。**

(15) (d)　your mother does it　→　**your mother does**
「君のお母さんがやっているその仕事を、人にお金を払ってやってもらうとしたらいくらかかるか、君は考えたことがあるかい」
➡ the work 以下は the work (which) your mother does と関係詞節が the work を修飾しているのだから it は不要。which は目的格なので省略されている。
　　　　ex. Is the book (which) you are reading interesting?
　　　　　　　　　　　　　　　　（× reading it）
「君が読んでいる本は面白いですか」

(16) (a)　Although　→　**In spite of** または **Despite**
「航空料金の値上がりにもかかわらず、それでも飛行機で旅行する方が好きだという人は多い」
➡ **although は接続詞だから S＋V のある文が続かなければならない。**
the increase in air fares は名詞句なので接続詞 although を前置詞に変える。
　▶ in spite of ～ ＝ despite ～「～にもかかわらず」

(17) (c)　is standing　→　**stands**
「丘の上に建っている建物は有名な教会だ」
➡ この文の stand は「(建物が) 建っている」という意味の状態動詞。**状態を表す動詞は普通、進行形にはならない。**（➡ p.28　3. ニの解説参照）

発展

進行形にならないことが問われる動詞（「…ている」には用心！）

☐**belong**	「所属している」	☐**forget**	「忘れている」
☐**have**	「持っている」	☐**know**	「知っている」
☐**need**	「必要としている」	☐**own**	「所有している」
☐**possess**	「所有している」	☐**remember**	「覚えている」
☐**resemble**	「似ている」	☐**stand**	「(建物等が)建っている」
☐**take after**	「似ている」		

(18) (d) to attend → **attending**

「ジョンと劇場に行くことと、ホテルでの今夜のディナーダンスに参加することの2つの行動のうち、どちらを選ぶべきか決定するのを助けてください」

➡ the two activities をダッシュのあとで具体的に going ～ と attending ～ と述べているわけだから、一方だけ不定詞で書くのはおかしい。

▶ **help** 〈人〉 [to] **do** ～「〈人〉が～するのを手伝う」
※ help の場合は to- 不定詞、原形不定詞のいずれも使える点に注意。
cf. **help** [to] **do** ～「～するのに役立つ」

(19) (c) bring → **take**

「あなたが買い物に行くとき、このメモを食品売り場の責任者に持って行ってくれませんか」

➡ **bring** ～は「～を持ってくる」、**take** ～は「～を持っていく」。この文脈では take でなければ意味が通じない。

(20) (b) is → **has been**

「彼はこの国にわずか2年しか住んでいないのに、この国の人のように話せる」

➡ (only) for two years に注目。「(わずか) 2年間」ということは過去のある時点から現在まで「彼がこの国にいる」という状態が継続しているわけだから、それを表すには現在完了という時制が必要。

現在完了（**have** ＋過去分詞）は過去から現在までの動作や状態の継続、完了、経験、結果などを表す時制。

(21) (d) will put → **will be put**

「そのデータは極秘で扱われるようにしなさい。これらは来月売りに出される新開発の製品に関する秘密書類だ」

➡ 製品は「販売される」わけだから、受動態にしないと意味が通じない。put ～ on sale「～を販売する」を be put on sale とすればよい。
　▶ **let ＋目的語＋ be done**「～を…されるようにする」
　　in strict confidence「極秘に」

(22) (a)　so small → **too small**
　「あるウィルスが、それは非常に強力な顕微鏡を使った場合を除けば、小さすぎて見えないのだが、それが天然痘をひきおこす」
➡ **too small to be seen** で「小さすぎて見えない」を表す。**too ～ to do...**「～すぎて…できない」は 頻出構文 。
　▶ **with ～**「～を使って」この with は「(道具)を使って」を表す前置詞。
　　なお、except は前置詞句を目的語にできる前置詞。

(23) (a)　schools increase → **schools to increase**
　「もし学校が提供する学科数を増やせば、学生はより選択肢が広がることと、より少人数のクラスになることから利益を受けるだろう」
➡ **If ＋主語＋ were to do ～**「もし～するならば」の if が省略されると倒置が生じ、**Were ＋主語＋ to do ～**の語順になるので注意。
　　　ex. If I were to tell the truth, she would get angry.
　　　　＝ Were I to tell the truth, she would get angry.
　　　「もし私が真実を告げたら、彼女は怒るだろう」
　▶ **benefit from ～**　「～で利益を得る」

(24) (b)　parents are possible → **parents are able**
　「子供があまりに多くテレビを見る時には、テレビをつけていられる時間を親が制限できる」
➡ 「〈人〉が～できる」は ❶〈人〉＋ **be able to do ～**、❷〈人〉＋ **can do ～**、❸ **It is possible for** 〈人〉 **to do ～**、❹〈人〉＋ **be capable of doing ～**などで表す。

(25) (b)　hope her to spend → **hope (that) she will spend** または **hope for her to spend**
　「友人が大学に受かったばかりだ。キャンパス内外で素晴らしい時を過ごしてもらいたい」
➡ hope ＋〈人〉to do ～という言い方はない。hope を用いて「〈人〉に～して

もらいたい」を表すには、❶ hope ＋ that 節 または ❷ hope for〈人〉to do 〜 とする。
　▶ admit〈人〉to 〜 「〈人〉の〜への入場・入学を認める」
　　on campus 「学内で」　off campus 「学外で」

発展

hope／wish／want の使い分け

	that 節	to- 不定詞	目的語＋ to- 不定詞
hope	○（直説法）※	○	×
wish	○（仮定法）※	○	○
want	×	○	○

※ that 節をとる場合、hope は直説法、wish は仮定法になる点に注意。
　ex. I hope（that）he will succeed.「彼に成功してほしい」
　　　I wish（that）you were here.「君がここにいるといいなぁ」
　　　「君が今ここにいない」という事実に対する反実仮想になる。

(26) (b) in going → **to go**
　「敬虔なクリスチャンとして、彼は日曜に教会へ行くのを欠かさない」
　➡ **fail to do 〜** は ❶「〜しない」❷「〜できない」という意味。**fail in 〜** では「〜に失敗する」という意味になってしまう。
　　▶ never fail to do 〜 「必ず〜する」

(27) (a) Each of girls → **Each of the girls**
　「その仕事に応募した女性のそれぞれが選ばれるのを切望しており、決定が下される明日までとても待てない気持ちだ」
　➡ **each of 〜** は「(特定のグループの) 各々、めいめい」という意味だから、of の後には一定の限定された集合が来なければならない。
　　▶ apply for 〜 「〜に応募する」
　　　the decision is to be made の is to は「予定」を表す be to- 不定詞。

(28) (a) is → **are**

「毎年、家賃が高くなっていくため、多くの人々が今や都心から離れていく」

➡ **a large number of ＋ 可算名詞（複数形）**は「**多くの〜**」という意味で、**複数扱いとなる。**したがって、is は不可。（▶ p.134 (2) の ポイント 参照）

▶ rent「家賃」「（車などの）レンタル料金」

(29) (b) whomever → **whoever**

「もし君が、君によい助言を与えることができる人なら誰とでも自分の問題を話し合えるなら、君はより幸福になれ、よりうまく人生に対処できるようになる」

➡ 複合関係代名詞 whoever は ❶名詞節を導いて「**〜する人は誰でも**」（＝ anyone who）❷副詞節を導いて「**誰が〜しても**」（＝ no matter who）という意味を表す。

ex. ❶ Give this map to whoever asks the way to the hall.「会場までの道をたずねる人には誰にでも、この地図をあげなさい」

（＝ Give this map to anyone who asks the way to the hall.）

whoever は asks の主語だから主格となる。設問でも can give... の主語だから主格が必要。**直前の前置詞に惑わされず、関係詞節の中での機能から格を決定すること。**

❷ Whoever gives her advice, she won't listen to it.「誰が助言しようとも、彼女はそれに耳をかさない」

（＝ No matter who gives her advice, she won't listen to it.）

▶ **talk over 〜** 「〜について話し合う」

be equipped to do 〜「〜する能力が備わっている」

(30) (a) as able → **as able as**

「彼は私以上、とはいえなくとも私と同等の能力がある。だから、彼もそのプロジェクトに参加するよう要請されるべきだ、と私は本当に思う」

➡ この文は、以下のように二重の比較を含む構造になっている。

He is $\left\{ \begin{array}{l} \text{as able as} \\ \text{if not abler than} \end{array} \right\}$ I.

したがって as が不足。

▶ **if not 〜**「〜ではないにしても」

2

問題 p.11

（1） **(C)** interesting → **interested**

「ホワイトハウスで何が起きているかに関心のあるすべての人にこの本を強くお薦めします」

🔴 be interested in O で「O に関心がある」になる。interesting は「〈人・事物が〉興味を引く、面白い」

（2） **(B)** I wondered that → **I wondered whether [if]**

「その本はあまりに長かったので、全部読み終えることができるだろうかと思った」

🔴 wonder that 節は「…ということに驚く、…とは不思議だ」という意味なので、「…かなと思う、…かしら」を表す wonder wh 節 / if 節にすべき。
　　I don't wonder (that) he refused. 「彼が断ったことには驚いていない」
　　I wonder whether I have made a mistake. 「間違えてしまったのかしら」

（3） **(B)** product → **products**

「コップやコーヒーフィルターなどの紙製品を購入する時は、漂白剤が使用されていないことを確認するようにすべきだ」

🔴 product は「製品」という意味の可算名詞なので、本文のように product と無冠詞単数で用いることはない。ここは、いろいろな紙製品という意味で複数形にしておく。

（4） **(C)** was consisted → **consisted**

「当時、カリフォルニアの住民の約10分の1は、鉄道で働くために来た中国人の移民だった」

🔴 「O〈人、要素〉から成り立つ」は consist of O で表す。同じ意味でも、受動態になる be composed of O や be made up of O と混同しないこと。
　▶ almost ＋数詞 ＝「およそ…」

（5） **(D)** to content → **to be content**

「舌をたらして、木の近くで横になっていたその犬は、満足しているようだった」

🔴 content は名詞なら「満足」、形容詞なら「満足して」を表す。形容詞の場合

be content なら「満足している」という意味になる。動詞の場合は他動詞で「…を満足させる」という意味。「満足しているようだった」を表すには、形容詞を使って seemed to be content としなければならない。

（6）**(B)**　managed to → **able to**
「時計が壊れてしまったので、彼は時間通り会議に出ることができなかった」
➡ manage to do は「…をなんとかやりとげる」という意味なので、he didn't manage to ... であれば「…することができなかった」となるが、本文では wasn't になっているため wasn't able to ... に訂正すべき。
▶ make it to O =「O に間に合う」

（7）**(D)**　return by → **return with**
「その国に旅行する人々のほとんどは幸せな思い出を持って帰国する」
➡「…な思い出を持って戻る」は return with ... とすべき。(A) は most of の後が the people と限定集合になっているのでよい。

（8）**(D)**　dictionary → **a dictionary [your dictionary, the dictionary, dictionaries]**
「あなたが書く英語力を向上させたいのであれば、もっと辞書を使うべきだ」
➡ (3)のポイントと同じく、可算名詞 dictionary を無冠詞単数で用いることはできない。ここでは、a dictionary などと訂正しておく。可算名詞の場合、無冠詞複数は可。
　　× I have dog. (a dog などとすべき)
　　○ I like dogs.「私は犬が好きだ」dogs は犬全般を表している。

3

(1) (c) has been laying → **has been lying**
「建築業者は週末しか作業できないので、フローリング用の木材は外の庭にずっとおいてある」
➡ be lying ＋〈場所〉「〈もの〉が（一時的に）…にある」

(2) (d) like New York → **like that in New York**
「気がついていないかもしれないが、クリスマス期間のバルバドスの天候は、6月のニューヨークの天候に似ている」
➡ 比較対象の形はそろえなくてはならない。この場合は、like that(=the weather) in New York と考える。（▶ p.7 (11)の解説参照）

(3) (b) acceptably → **acceptable**
「その提案は学生のリーダーたちには望ましいように思われたが、学長はそれを非現実的だと考えた」
➡ **S ＋ seem (to be) 補語 to A〈人〉**「AにとってSは～のように思われる」の構文。副詞 acceptably 単独では補語になれないので、形容詞 acceptable に訂正すべき。

(4) (c) whomever → **whoever**
「賢明で経験豊富な管理職なら、最もすぐれた能力を持つ者なら誰にでも仕事を割り当てるものだ」
➡ この場合の複合関係代名詞 whoever は名詞節を導き、「～する人は誰でも」(=anyone who) の意味を表す。関係代名詞の格は、後に続く関係詞節の中での機能によって決定すべきで、直前の前置詞に惑わされてはならない。
【頻出】（▶ p.13 (29)の解説参照）

(5) (d) was frighten → **was frightened**
「叔父と一緒に国立公園内を旅していた間に、僕は熊におどされた」
➡ 他動詞 frighten「～をおどす」の過去分詞は frightened.

（6）(c)　I → **me**

「先生は、僕たち皆——マイケルとクリステンそして君と僕——に、病院にブライアンのお見舞いに行ってほしいと思っている」

➡ Michael, Kristen, you and I の部分は wants の目的語である us all の同格となっているので、主格の I ではなく目的格の me でなければならない。なお、目的格の人称代名詞の同格として用いる場合、普通 all はその代名詞の直後に置くので、us all は正しい表現。

（7）(d)　considerable → **considerably**

「その家を買う見込みだった客は、彼女の払える余裕のある金額よりもかなり高い値段を支払うようにと言われたので、家屋敷から立ち去った」

➡ considerable は「かなりの」という意味の形容詞で、形容詞 higher を修飾することはできないため、この場合は副詞 considerably「かなり」に訂正すべき。

（8）(d)　anyone's else → **anyone else's**

「バーバラは議論の中で、『私たちは金銭本位の社会に生きているので、平均的な個人は誰か他の人間の問題を解決することについてはほとんど無関心だ』と言った」

➡ anyone などの不定代名詞や疑問詞 who の後に else's をつけて、「他の~の」という意味の所有格をつくることができる．anyone's else という形は誤り。cares little の little は「ほとんど~ない」という意味を表す否定の副詞。

▶ money-oriented「金銭本位の」

（9）(b)　teaches → **teach**

「よい身なりをして自信をつけさせるレッスンをうけることは、学生が、社会的地位も給料も高い職業につくのに役立つと、多くの専門家は言っている」

➡ 関係詞節 that teaches confidence の先行詞は複数名詞 lessons なので、teach のあとに三単現の -es は不要。

（10）(b)　are represented → **is represented**

「コミュニティーの 30% を占めるマイノリティ・グループの代表は、25 人の市議会議員のうちのたった 1 人にすぎない」

➡ この文の主語は A minority group で単数。したがって、複数の主語に対応する are ではなく is に訂正すべき。

(11) **(d)** to spend → **spending**

「両親は、誕生日のプレゼントとして、ブロードウェイの芝居を見てナイトクラブに行くか、週末をアトランティック・シティで過ごすかどちらかを選ぶようにと申し出た」

➡ spending は seeing, visiting とともに前置詞 of の目的語となっている。

(12) **(b)** arrived → **had arrived**

「コロンブスがアメリカを発見した時、彼はインドに到着したと思ったので、自分の出会った人々を"インディアン"と呼んだ」

➡ この文の arrive は到着の〈完了〉を表すので完了形を用い、時制の一致をうけて過去完了形とする。

(13) **(b)** which → **who**

「ずっと私の親友であり続けている人々は、私と同じ社会的価値観や政治的傾向を共有する人々だ」

➡ 先行詞の those は「人々」なので、〈もの・事〉を先行詞とする which ではおかしい。ここは〈人〉を先行詞とする who に訂正すべき。

(14) **(c)** educate → **to educate**

「ほとんどのアメリカ人は進んで教育のための税を払おうとするため、アメリカの教師たちは、優秀さの追求をあきらめることなく、押し寄せる移民たちの教育をすることができた」

➡ **allow ＋〈人〉＋ to- 不定詞「〈人〉が〜するのを可能にする」**の構文なので、原形 educate ではなく to educate と訂正すべき。

(15) **(c)** requires → **require**

「室内競技の中には、フットボールよりははるかに身体を使うことが少ないものの、激しいプレーや時には身体の接触さえも必要とするものがある」

➡ 主語は Some indoor games と複数なので、動詞 requires の三単現-s は不要。
　▶ though they (= some indoor games) are much less physical ... の they (＝主節と同一の主語)と are(＝ be 動詞)は、though が導く節では省略可。

(16) **(a)** on → **in**

「あなたと意見が合わないからといって、急進的な人々に腹を立てても無駄だ」

➡ There is no sense in doing 「〜しても無駄だ」の構文。

(17) **(d)** nothing → **anything**

「当局の直面している最大の困難は、人々が進んで語ろうとしないことだった。彼らは警察には何も言わないようにと警告されていたのである」

➡ not 〜 nothing の形はおかしい。ここは not 〜 any- の全部否定の形に訂正すべき。

4

問題 p.14

1. ポイント　単数扱いか複数扱いかが紛らわしい表現／可算名詞と不可算名詞

○ **a.** 「バスケットの中には1ダースの卵がある」

➡ a dozen eggs は語法的に正しい表現で、複数扱い。dozen「ダース（同種類のもの12個）」は **a dozen (of)** ＋複数名詞の形で用いられ、現在では of をつけない形容詞的用法の方が普通である。また、**dozen の前に数詞がつく場合には、dozen は複数形にしない**。ex. four dozen (of) pencils「鉛筆4ダース」。

○ **b.** 「洋服ダンスの中には、ズボンが1着ありますか」

➡ **a pair of trousers**「ズボン1着」は単数扱い。trouser はズボンの片方を指し、通常は trousers という複数形で用いる語だが、ズボンの他にハサミ(scissors)・眼鏡(glasses)・靴(shoes)など2つの部分から成り立っているものの1組を **a pair of** ＋複数名詞の形で表す場合には、単数扱い 盲点 。
ex. This pair of glasses **is** [× are] Mary's.「この眼鏡はメアリーのものだ」

× **c.** several of the furniture → **several pieces [articles] of the furniture**「私たちは、その家具のうちの数点を買うことに決めた」

➡ **several** を代名詞として用いる場合には、**several of the** ＋可算名詞の複数形が正しい表現で、several of the ＋不可算名詞は誤り。furniture は「家具（類）」を表す集合名詞で不可算名詞だから several of の後に置くことはできない。furniture は much[little] furniture で量の多少を表す。「いくつ」という場合には a piece of～や an article of～などを用いる。「家具1つ」なら a piece of furniture や an article of furniture と表す。several pieces [articles] of the furniture は「その家具のうちの数点」という意味になる。

発展

入試によくでる不可算名詞

- ☐ **advice**「忠告」
- ☐ **information**「情報」
- ☐ **news**「知らせ」
- ☐ **traffic**「交通」
- ☐ **scenery**「景色」
- ☐ **baggage / luggage**「荷物」
- ☐ **poetry**「詩」
- ☐ **furniture**「家具」
- ☐ **weather**「天気」
- ☐ **machinery**「機械」

○ **d.**「その牛たちは、牧草地で草を食んでいた」
➡ (the) **cattle**「畜牛」は、単数形のように見えるが、必ず複数扱いする頻出の集合名詞 盲点 。その他、**the police**「警察」も複数扱いする集合名詞として 頻出 。
ex. The police **were** looking into the matter.
　　　　　　(× was)
「警察はその件を調査していた」

2.　ポイント　前置詞の用法

× **a.** to → **at** 「彼女は、普通 8 時 10 分前頃には学校に到着していた」
➡ arrive to〈場所〉という表現は誤りで、**arrive at / in**〈場所〉が正しい。

○ **b.**「私の妹は、いつも明るい色の服装をしている」
➡ **be dressed in**〈色〉「～色の服装をしている」

○ **c.**「日曜日の朝、僕たちが目覚めると、雨が降っていた」
➡ 特定の日の朝・午後・夜の前につく前置詞は in ではなく **on** なので、on Sunday morning は正しい表現。cf. in the morning「午前中に」

○ **d.**「私は、すぐに病気がなおった」
➡ **be cured of**〈病気〉「〈病気〉が治る」。

3.　ポイント　付加疑問文

平叙文や命令文に付加される疑問文を付加疑問文といい、確認や同意を求めるために用いられる。肯定の平叙文の後には否定の付加疑問文、否定の平叙文の後には肯定の付加疑問文をつける。

○ **a.**「コーヒーをもう 1 杯お飲みになりませんか」
➡ 命令文に続く付加疑問は、**will you?** または **won't you?**。ただし、否定の命令文 don't ＋動詞原形～ に続く付加疑問文は will you? のみ。

○ **b.**「あなた方のうち何人かはフランス語を学んでいらっしゃるんですよね」
➡ 主語が some of you であり、現在進行形の肯定文なので、付加疑問文は **aren't you?**

× **c.** didn't they → **did they**「ほとんどの人が、その答えを知らなかったんでしょう」
  ➡ few は可算名詞の複数形を修飾する〈否定〉の形容詞なので、付加疑問文は肯定の疑問形にすべき。

○ **d.**「思うに、君はまだ17歳だよね」
  ➡ 問題文は I believe ではじまっているが、確認しようとしているのは you are only seventeen years old という後続の節の内容なので、aren't you? という付加疑問文の形で OK。

5

問題 p.15

○ （1）「その少年は、泣いているうちに眠ってしまった」
→ cry oneself ~「泣いて~の状態になる」 cf. cry oneself asleep「泣いているうちに寝入ってしまう」

× （2）remember locking → **remember to lock**
　　　「忘れずにドアに鍵をかけてね、トム」
→ remember doing は「~したことを覚えている」という意味になるので、この場合は文脈に合わない。「忘れずに~する」という意味になるよう、doing を to- 不定詞に訂正すべき。

発展

doing と to- 不定詞で意味の変わる動詞

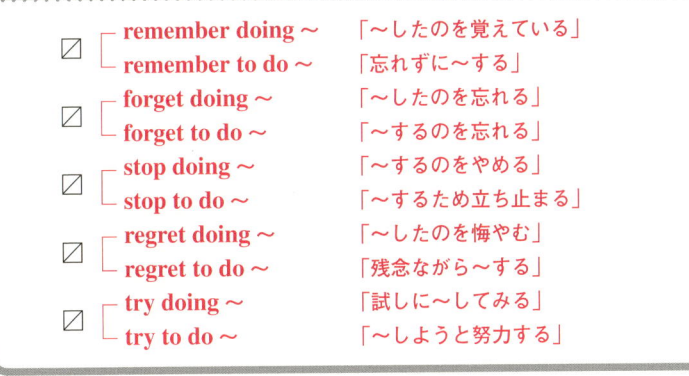

☑ remember doing ~ 　「~したのを覚えている」
　 remember to do ~ 　「忘れずに~する」

☑ forget doing ~ 　「~したのを忘れる」
　 forget to do ~ 　「~するのを忘れる」

☑ stop doing ~ 　「~するのをやめる」
　 stop to do ~ 　「~するため立ち止まる」

☑ regret doing ~ 　「~したのを悔やむ」
　 regret to do ~ 　「残念ながら~する」

☑ try doing ~ 　「試しに~してみる」
　 try to do ~ 　「~しようと努力する」

○ （3）「あなたが明日その車を使うことにしているのかどうか知りたい」
→ if 節が「~かどうか」という間接疑問の意味を表し、動詞の目的語の節として用いられている場合、名詞節として機能しているので節内の未来形は現在形にしない。「~ならば」という意味で接続詞 if が用いられている〈条件〉の副詞節の場合と混同しないよう注意。
　▶ will be doing ~「~することになっている」

発展

when 節と if 節内の時制には要注意		
	when 節	**if 節**
名詞節	「いつ〜か」 未来形 ─┐ 未来完了形 ─┘ そのままで OK.	「〜かどうか」 未来形 ─┐ 未来完了形 ─┘ そのままで OK.
形容詞節 (名詞を修飾)	・この when は関係副詞 未来(完了)形 ─┐ そのまま 　　　　　　　 │ または 　　　　　　　 └ 現在(完了)形	
副詞節	〈時〉「〜する時」 ×未来形 ⇨ ○現在形 ×未来完了形 　　　　 ⇨ ○現在完了形	〈条件〉「もし〜ならば」 ×未来形 ⇨ ○現在形 ×未来完了形 　　　　 ⇨ ○現在完了形

副詞節の場合
例１．　Let's go on a picnic when the rain <u>will stop</u>.
　　　　　　　　　　　　　　　　　　　　×⇨ stops.
　　　「雨が止んだら、ピクニックに出かけようよ」
例２．　If he <u>will have read</u> the book, he will phone you.
　　　　　　×⇨ has read
　　　「その本を読んでしまったら、彼は君に電話するだろう」

盲点 〈人〉の意志を表す will は〈条件〉の副詞節内でも使える。
　　　ex.　If you **will** excuse me. I'm going for a walk.
　　　　　「もしあなたが許して下さるなら、私は散歩に出たいのですが」

○ （**4**）「あなたはとても不満そうですね。どうしたんですか」
　⇨ look ＋形容詞は「〜のように見える」という意味の正しい表現。形容詞ではなく名詞をとる場合には、look like ＋名詞の形を用いる。

○ （**5**）「あなたは私の妻にはお会いになったことがないと思います」
　⇨ I think that ... 「…だと思う」、I don't think that ... 「…でないと思う」。think は、that 節の中を否定の形にせず、think 自体に not をつけて、don't [doesn't / didn't] think that... とするのが普通。

6

問題 p.16

（1） ポイント　any／some／each／both の用法

× イ →全文を、**No student went to the party.** と訂正する。
「そのパーティーには、どの学生も行かなかった」
➡ 重要 英語には、主語が Any 〜で、述部が not で否定される Any 〜 not ... という語順はない。

○ ロ 「それが真実だという者もいれば、真実でないという者もいる」
➡ **some 〜, others 〜**「〜な者もいれば、〜な者もいる」。others not は、others say it is not true の省略された形で、正しい表現。なお、この文のように、some 〜, and others 〜では、接続詞 and などが省略されることがある。

○ ハ 「彼らはそれぞれ、自分自身の罰金を支払うべきだ」
➡ each には each ＋単数名詞の形で用いる形容詞用法以外に、この問題文のような代名詞用法も OK。代名詞用法の each や each ＋単数名詞は原則として単数扱いで、受ける代名詞は、he, his／she, her／it, its／they, their（男性か女性かを明示しない場合）を用いる。

発展

each と every の用法

	each	every
形容詞用法	○ each ＋単数名詞	○ every ＋単数名詞
代名詞用法	○ each of them／each of ｛the／these／those／所有格｝＋複数名詞　× each of ＋名詞	×
副詞用法※	○	×

※副詞用法には①主語を修飾するもの（位置は be 動詞・助動詞の後、一般動詞の前）と②目的語を修飾するもの（位置は目的語の後）がある。

① We **each** want something different.「我々はそれぞれ違ったものを求めている」
   (= Each of us wants something different.)
② He gave the boys **each** a dollar.「彼は少年たちにそれぞれ1ドル与えた」
   (= He gave each of the boys a dollar.)
▶ **fine**「罰金」（この意味での fine は 盲点 ）

○ ニ 「英語とフランス語はどちらも広く使われている」
   ➡ both には、each 同様、形容詞用法・代名詞用法・副詞用法がある。この both は副詞用法（主語修飾）。位置は be 動詞・助動詞の後、一般動詞の前。

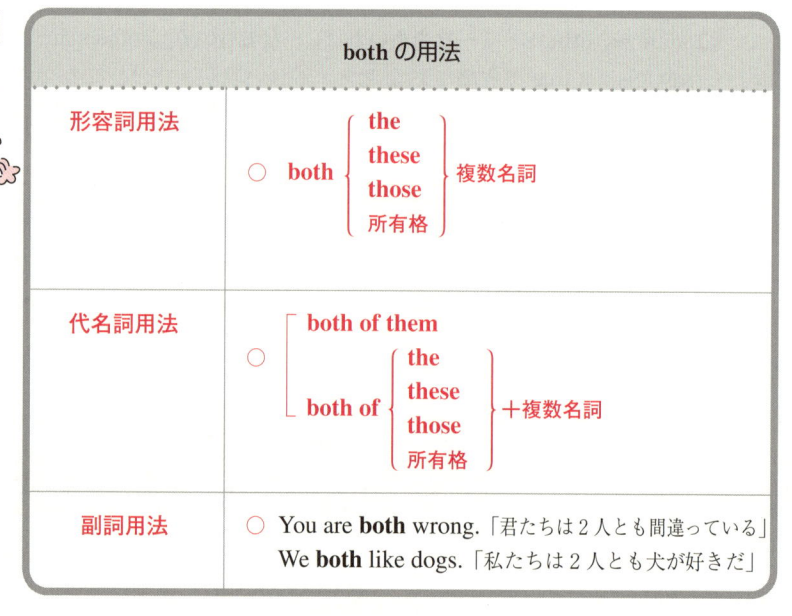

発展

both の用法	
形容詞用法	○ both { the / these / those / 所有格 } 複数名詞
代名詞用法	○ { both of them / both of { the / these / those / 所有格 } ＋複数名詞 }
副詞用法	○ You are **both** wrong.「君たちは2人とも間違っている」 We **both** like dogs.「私たちは2人とも犬が好きだ」

(2) ポイント 形容詞と副詞の用法
   ○ イ 「その本は、僕には面白そうだ」
   ➡ sound ＋形容詞で「〜にきこえる、〜に思われる」という意味を表す。interesting to〈人〉「〈人〉にとって面白い」。cf.〈人〉be interested in 〜「〈人〉が〜に興味をもっている」

   ○ ロ 「あなた、それではあまり親切ではありませんね」
   ➡ friendly は語尾が -ly になっているが、〈人〉の性質を表す形容詞として用いられるので、〈事柄〉be friendly of〈人〉の形は正しい用法。

発展　-ly でも形容詞

- ☐ **costly**　　　　　　　「高価な、費用のかかる」
- ☐ **manly**　　　　　　　「男らしい」
- ☐ **friendly**　　　　　　「親しげな、好意を持っている」
- ☐ **weekly（monthly）**　「週1回の（月1回の）」
- ☐ **daily**　　　　　　　　「日々の、日常の」
- ☐ **timely**　　　　　　　「時機がちょうどよい」
- ☐ **kindly**　　　　　　　「親切な、優しい」〔(副) 〈親切に、優しく〉〕
- ☐ **motherly**　　　　　　「母親のような、優しい」

○　ハ　「そのベッドは寝心地がいいことに気がついた」

➡ **comfortable** は「(〈人〉にとって) 心地よい」という意味の形容詞で、名詞の前に置かれてその名詞を修飾する限定用法も、補語として用いられる叙述用法も OK。この問題文の場合は、S＋V(find)＋O＋C構文（「Oを〜と思う」）になっているので、後者の用法。

×　ニ　smells sweetly → **smells sweet**
「このワインは甘い香りがする」

➡ sweetly は副詞なので、smell の補語として用いることはできない。形容詞の sweet に訂正すべき。「〜なにおいがする」という意味で smell を用いる場合には、smell＋形容詞。smell of＋名詞は「〜のにおいがする」ex. smell of onion「玉ねぎのにおいがする」。**taste**「〜な[の]味がする」の場合も同じ。

(3) 　ポイント　動詞の用法

○　イ　「あなたは私に失望しているんですか」

➡ 〈人〉**be disappointed in [at]** 〜「〈人〉が〜に失望している」
cf. **disappointing**「〈人〉を失望させるような」

×　ロ　→ **She was robbed of her rings last night.**

➡ 他動詞の rob は、S〈人〉＋**rob**＋O〈人・場所〉**of**〈金・物〉「S〈人〉がO〈人・場所〉から〜を強奪する」という形で用い、目的語には〈被害者〉がくる。したがって、受身の場合には、〈人・場所〉**be robbed of**〈金・物〉の形にすべき。rob と steal の使い分け（➡ p.31 発展 参照）。

○ ハ 「彼女は、指にダイヤモンドの指輪をはめていた」
➡ 他動詞の wear は、衣服以外にアクセサリーや靴・化粧品・髪形なども目的語にとることができ、「〜を身につけている」という状態を表す。**一時的状態を表す場合には、be wearing と進行形にすることもある。**cf. **put on 〜 (put 〜 on)** は「〜を身につける」という動作を表す。

○ ニ 「床一面に、おもちゃが散らばっていた」
➡ 「(ものが…に)ある」という意味の自動詞 lie は、状態を表すので、普通、進行形にはならない。が、**一時的状態を表す場合に用いる時は、通常 be lying とする** 盲点 。
The village **lies** to the north of the lake.
「その村は湖の北にある」→ village は動かないので進行形不可。
The cards **are lying** on the table.
「カードがテーブルの上にある」→進行形によって、「〈移動可能なものが〉一時的に…にある」を表す。

(4) ポイント 時制
○ イ 「彼がその会議に参加するかどうかわかりません」
➡ S be sure wh 節 / wh 句 / if 節(現在では稀) は「〈人〉が〜を確信している」という意味を表し、通常疑問文・否定文で用いる。この場合の if 節は、名詞節。if 節内の時制は ➡ p.24 発展 参照。

× ロ you will study → **you will have studied 〜 / you will have been studying**
「来年の4月で、あなたは英語を10年学んだことになります」
➡ 〈期限〉を表す**前置詞 by ＋〈未来〉を表す語句**に続く主節の時制は、「(未来のある時までに)…しているだろう(…し続けているだろう)」の未来完了形(または未来完了進行形)にするのが普通。

○ ハ 「彼が、ロサンジェルスに住むようになってから3年になる」
➡ 〈継続〉の**現在完了進行形**。live は「住んでいる」という意味の状態動詞で普通は進行形にしないが、一時的状態を表現するため、進行形にする場合がある。

○ ニ 「今世紀が始まって以来、多くの改善がなされてきた」
➡ 〈完了〉の**現在完了形**。since は「過去のある時点から(現在まで)」という

意味の前置詞または接続詞として用いられるので、現在完了形と since ＋〈過去の一時点〉を表す語句または文とは併用される。

（5） ポイント　さまざまな強調表現
○　イ　「彼は、最初の作品ほど素晴らしい本を、まだ1度も書いていない」
　⇨ **原級比較と否定の副詞 never の組み合わせで最上級の意味を表す表現。**
　cf. not so［または **as**］形容詞（原級）＋ **a**（**an**）＋名詞 **as A**「A ほど…な〜はない」の語順は整序問題でよくねらわれるところ。

○　ロ　「私が眠ったのは午前3時ごろだった」It is (was) 〜 that の強調構文。

×　ハ　without I think of you 〜 → **without my**［または **me**］**thinking of you** 〜
　「愛情をもってあなたのことを思い出すことなしには、ほとんど1時間たりとも過ごせない」
　⇨ without は前置詞なので、あとに〈文〉はこず、名詞や動名詞がくる。したがって、動名詞を使って without doing の形に訂正すべき。動名詞の主語は所有格の my でも、目的格の me でもよい。
　〈**hardly ＋ any ＋名詞**〉や〈**hardly ＋数詞＋名詞**〉が主語になっている場合、**hardly** が文頭にあっても倒置は起こらない。意味は「ほとんど…ない」。
　ex. Hardly fifty people were in the hall.「そのホールにはとても50人はいなかった」

○　ニ　「制服を着ていないと、彼は警官のようには見えなかった」
　⇨ Out of uniform は、分詞構文 Being out of uniform の文頭の being が省略された形と考えられる。

7

問題 p.17

> **問題へのアプローチ**
> 　誤りを含む文の数がわからない形式なので、正確な知識がなければ正誤判断に迷うところがある。

(1) ポイント　名詞 weight と動詞 weigh の用法

× **a.** lost my weight の my をトル。「私の体重は10キロ減った」
➡ **lose weight**「体重が減る」(⇔ **gain**［または **put on**］**weight**）「体重が増える」) lose *one's* weight には「ダイエットなどで（意図的に）減量する」という意味があるが、その場合には、減量した体重を表す表現を *one's* weight の前にもってきて、ten kilograms of my weight といった形をとるのが普通。
▶ by ten kilograms の by は〈差〉を表す。

○ **b.** 「私の体重は約60キロです」
➡ S weigh〈重量〉「S の重さは～である」は正しい表現。

○ **c.** 「私の体重は10キロ増えた」
➡ S gain O〈重量〉in weight「S の重さが～増える」は正しい表現。

(2) ポイント　動詞 remind の用法

× **a.b.** いずれも The picture reminds me <u>of</u> my childhood. と訂正すべき。remind は、「〈人〉に～を思い出させる」という意味の他動詞で、**必ず〈人〉を目的語にとり、あとには of〈名詞〉／to- 不定詞／that 節を従える。**

× **c.** ～, I am reminded of my childhood. または ～, I remember my childhood. と訂正すべき。「～を思い出す」は remember ～で表すことができるが、remind を用いる場合は受動態 be reminded of ～にする必要があるので注意。

(3) ポイント　more A than B「B というよりもむしろ A」の比較構文

○ **a.** 「彼は、傷ついたというよりは、むしろぎょっとしていた」
▶ 動詞 hurt「～を傷つける」「いたい」の活用は hurt － hurt － hurt。be hurt で「傷つく」

○ **b.** 「それは、茶色というよりも灰色に近い」

× **c.** I was more sad than angry. と訂正すべき。
「私は、怒っていたというよりは、むしろ悲しかった」

（4） ポイント　rob / steal の使い分け — 頻出
- **rob** は目的語に〈人・場所〉をとり、**S ＋ rob ＋ O**〈人・場所〉**of**〈金・物〉の構文で用いる。**steal** は目的語に〈金・物〉をとり、**S ＋ steal ＋ O**〈金・物〉**(from**〈人・場所〉**)** の構文で用いる。したがって、受動態の形も違ってくる点がポイント。
- ○ **a.** 「その銀行は強盗にあった」rob the bank (of its money) で「銀行から金を奪う」。本文はその受動態。
- × **b.** He had his money stolen. と訂正すべき。「彼は自分の金を盗まれた」使役動詞 have を使って「被害」を表す。
- × **c.** ～ robbed of all his money と訂正すべき。「誰かがお金を全部盗まれた」

発展

rob と steal の受動態	
rob	►〈人・場所〉を主語にして、**S**〈人・場所〉**be robbed of**〈金・物〉の形にする。 ○ Jane was **robbed of** her jewelry. 「ジェーンは宝石類を盗まれた」 × Jane's jewelry was robbed. × Jane had her jewelry robbed.
steal	►〈金・物〉を主語にして、**S**〈金・物〉**be stolen** の形にする。〈人〉を主語にする場合には、have を使って、**S**〈人〉**have O**〈金・物〉**stolen** の形にする。 ○ Jim's suitcase was stolen.「ジムのスーツケースが盗まれた」 ○ Jim had his suitcase stolen. 「ジムはスーツケースを盗まれた」 × Jim was stolen his suitcase.

（5） ポイント　動詞 admit の用法
- ○ **a.** 「私は、これが真実だということを認める」➡ admit that 節は正しい用法。
- ○ **b.** 「彼は、彼らを見かけたと白状している」➡ admit doing は正しい用法。
- ○ **c.** 「彼は、それを使ったことを認めた」➡ admit to doing は正しい用法。この場合の admit は自動詞 盲点 。

発展

admit の用法

他動詞	○ **admit** ─ O〈名詞—人・物・事〉+（to be）C 　　　　　「O が C であると認める」 ─ that 節「〜であることを認める」 ─ doing「〜したと認める」 ─ O〈名詞〉[通例否定文で] 　「〈物・事が〉O を許容する」 ─ O〈人〉to [into]〈場所—学校・会場・団体など〉 　「O の〜への入学 [入場・入会] を認める」
	× **admit** ─ to do 　　　　　─ O + to do ／ doing
自動詞	○ **admit** ─ of〈名詞／ doing〉 　　　　　[通例否定文で]「〈問題・計画などが〉〜の余地がある」 ─ to doing「〜を（事実であると）認める」

8

問題 p.18

（1） **ポイント** 動詞のあとに続くのは **to-** 不定詞か **doing** か。（▶ p.52, 53 発展 参照）

× **a.** He aims to study 〜 ［または He aims at studying 〜］．と訂正すべき。
「彼は、外国で研究することを目ざしている」
⮕ aim doing は不可。**aim to-** 不定詞または **aim at doing** で「〜することを目ざす、〜するよう努力する」の意。

○ **b.** 「われわれは、あの地区にあるその家を買うことに決めた」
⮕ **decide to-** 不定詞は正しい用法。**decide doing** は不可。

○ **c.** 「父は生涯、学校教師でいるつもりはなかった」
⮕ **mean to-** 不定詞「〜するつもりである」。

× **d.** The professor refused to discuss 〜．と訂正すべき。
「その教授は、自分の学生たちとその問題について議論するのを拒絶した」
⮕ refuse doing は不可。**refuse to-** 不定詞で「〜することを拒絶する」の意。
▶ discuss は他動詞なので、discuss about 〜とはしない。

発展

ねらわれる自動詞・他動詞

誤 → 正

自動詞

誤	正
apologize 人 (for ～)	→ **apologize to** 人 (for ～)「(～のことで) 人に謝る」
arrive the airport	→ **arrive at** the airport「空港に到着する」
complain the job	→ **complain of** ／ about the job「仕事の不満を訴える」
reply her letter	→ **reply to** her letter「彼女の手紙に返事を書く」

他動詞

誤	正
enter **into** the room	→ enter the room「その部屋に入る」
accompany **to** 人	→ accompany 人「人に同行する」
answer **to** the letter	→ answer the letter「手紙の返事を書く」
approach **to** the land	→ approach the land「陸に近づく」
discuss **about** the matter	→ discuss the matter「その件について討論する」
marry **with** him	→ marry him「彼と結婚する」
mention **about** it	→ mention it「そのことに触れる、言及する」
obey **to** orders	→ obey orders「命令に従う」
oppose **to** the plan	→ oppose the plan「その計画に反対する」
cf. be opposed to ～「～と対立している」は正しい形	
reach **to** the place	→ reach the place「その場に到着する」
resemble **to** my father	→ resemble my father「私の父親に似ている」

（2） ポイント 紛らわしい動詞の用法 （▶ p.4 発展 参照）

× **a. The tower was felled ～.** と訂正すべき。
　「その塔は、落雷によって倒れた」
　➡ fall は自動詞なので受動態にできない。したがって、他動詞 fell「～を倒す」を使って be felled という受動態にする。

× **b. been をトル**。「石油価格は、15％上昇した」
　➡ rise は自動詞なので受動態にできない。したがって、has been risen の been をとり、能動態の現在完了形にする。

× **c. lie を lying に訂正**。
　「僕が室内に踏み込むと、彼が床に横たわっているのに気づいた」
　➡ find は「O が～しているのを発見する」という意味では find＋O＋doing（現在分詞）となる。「O が～されているのを発見する」は find＋O＋過去分詞。

× **d.** to speak を **speak** または **speaking** に訂正。
「ホールに近づいていくと、彼が聴衆に向かって演説しているのが聞こえた」
➡ hear は知覚動詞なので、hear＋O＋to-不定詞の構文は不可。したがって、hear＋O＋原形不定詞／doing（現在分詞）の形に訂正すべき。
▶「〜に近づく」という意味の approach は他動詞なので、**approach＋〈場所〉**の形で用いるのが正しい。日本語に引きずられて approach to〈場所〉としないこと。

(3) ポイント さまざまな仮定法

× **a. If it were not for your help, 〜.** と訂正すべき。
「あなたの助けがなければ、私はそれを完成することはできないでしょう」
➡ **if it were not for＋名詞**は仮定法過去を用いた慣用表現で、「〜がなければ」という意味（＝but for 〜, without 〜）。if を省略した倒置形の **were it not for 〜**，仮定法過去完了のパターンである **if it had not been for 〜**「〜がなかったならば」とその if 省略パターン **had it not been for 〜**も併せて整理しておこう。

○ **b.**「もしもリサが金持ちだったなら、新しい車を買っただろうに」
➡ had she been rich は if she had been rich という仮定法過去完了表現の if が省略されて倒置になったパターンで、正しい表現。

× **c. If you had told me, I would have found that Risa didn't know 〜.** と訂正すべき。
「あなたが教えてくれたなら、僕はリサがそのことに関しては何も知らなかったということがわかっただろう」
➡ if S would have＋過去分詞は、「もし〜するつもりがあったなら」という〈意志〉の意味を含む仮定法の表現として正しいがあまり用いない。文脈から、〈過去〉の事実に対する反実仮想の意味であることは明らかなので、後半の帰結節も仮定法過去完了を用い、それに続く that 節内の時制も過去形にすべき。

× **d. 〜, but she insisted firmly that she (should) pay 〜.** と訂正すべき。
「彼らは夫婦として一緒に暮らしていたが、彼女は家賃を自分自身の給料から払うと強く言った」
➡〈主張〉を表す動詞 insist のあとに続く that 節内では S＋(should) 動詞原形のパターンをとる。（ p.63 発展 参照) この場合の原形動詞は仮定法現在。その他、**insist to-** 不定詞は不可で、**insist on doing** なら正しいという点も押さえておこう。

(4) ポイント　さまざまな比較表現
- ○ **a.** 「彼は哲学を勉強すればするほどますます、どれほど自分が無知かを悟った」
  - ▶ the ＋比較級～, the ＋比較級 ...「～であるほどますます…」、「～するほどますます…」。
- × **b.** in the most perfect health の **the most** をトル。
  - 「その運動選手が競技を始めた時、彼の体調は申し分なかった」
    - ▶ 形容詞の perfect は「申し分ない、完全無欠の」という意味で、もともと最上級のニュアンスをもっているため、通常は最上級にしない。
    - ▶ 文中の health は「（心身の）健康状態、調子」という意味を表し、形容詞をつけてその状態を表現する。
      ex. be in poor ［ill ／ bad］ health「体調が悪い」
- × **c.** than no other student の **no** を **any** にかえる。
  - 「先生は、スージーがクラスの誰よりもがんばって勉強していると言った」
  - ▶ 比較級＋ than any other 単数名詞「他のどんな～よりも…」。比較級の形で最上級の意味を表す 基本 。
- × **d.** different from a German を **different from that of a German** に訂正。
  - 「スージーは1度もドイツに行ったことがないにもかかわらず、彼女のアクセントはドイツ人と違わない」
  - ▶ 比較表現では、比べる対象をそろえなくてはならない。ここで話題となっているのはスージー本人ではなく彼女のアクセントなので、ドイツ人という〈人〉を比較対象とすることはできない。したがって、the ＋前出の単数名詞の代用をする代名詞 that (▶ p.76 発展 参照) を使って、that (＝ the accent) of a German とすべき。

(5) ポイント　誤りやすい名詞の用法
- ○ **a.** 「その会社は、新しい社員を探している」
  - ▶ a staff member は「社員、スタッフ」という意味で、正しい。
- ○ **b.** 「私は、第5章の最後の一節を読んで深く感動した」
  - ▶「第5章」は chapter five または the fifth chapter。
    - ▶ 文中の to read は〈感情の原因〉を表す副詞用法の to- 不定詞。
- ○ **c.** 「県庁は、5か年福祉計画を終了した」
  - ▶ 数詞と〈単位〉を表す名詞を -（ハイフン）でつないで形容詞として用いる場合は、〈単位〉を表す名詞は単数にする。 盲点 だが 頻出 。
    ex. a five-year-old boy「5歳の少年」（× a five-years-old boy）.

▶ **prefectural government**「県庁」

× **d.** collect informations を **collect information** に訂正。

⮕ **information**「情報」は不可算名詞なので複数形はない 頻出 。（▶ p.20 発展 参照）

9

(1) ○ 「芸術作品として考えると、その建物にはかなり失望させられる」

➡ 過去分詞で始まっている Considered as ～は受動態の分詞構文。文の主語は the building で、consider「〈人〉が考える」という動詞との関係は受身になっているため、これで正しい。**disappointing** は他動詞 disappoint から派生した分詞形容詞で、「〈人を〉失望させるような」の意。cf. **disappointed**「〈人が〉がっかりした」（▶ p.54 発展 参照）

(2) × suggested her that ～ → **suggested to her that ～**

「彼らは彼女に、自分1人で行くようにとすすめた」

➡ 動詞 **suggest** のあとに **that ＋ S ＋ (should) 動詞原形**が続いている点は正しい（▶ p.63 発展 参照）が、suggest は二重目的語をとらないので、suggest 〈人〉that 節ではダメ。**suggest to 〈人〉that 節**としなければならない。

発展

suggest の用法

○ suggest ＋ { (to 〈人〉) ＋ that S (should) V / doing }

× suggest ＋〈人〉＋ that (should) 節

× suggest ＋〈人〉＋ to- 不定詞

× suggest ＋ to- 不定詞

(3) ○ 「私は、それがそんな風な言い方をされるのを、これまで1度も聞いたことがない」

➡ 知覚動詞 hear ＋ O ＋過去分詞の構文は、「O が…されるのを聞く」の意。この put は、「表現する（＝ express）」という意味の他動詞の過去分詞。
cf. to put it in another way 「別の言い方をすれば」。

(4) × boring → **bored**

「ジョンは、自分が昨日見た映画にとても退屈していた」

➡ boring は他動詞 bore から派生した分詞形容詞で、「〈人を〉退屈させるような」

という意味だから、「〈人が〉退屈した」という意味にするには、受動の意味をもつ過去分詞から派生した分詞形容詞 bored と訂正すべき。

（5）○ 「自分に害を及ぼすような本を読んではいけない」
　➡ **such ＋名詞 as 〜**「〜のような…」。この文中の as は関係代名詞の主格として機能している。
　　▶関係代名詞の as には such、as、the same がついた名詞句を先行詞にする制限用法と主節全体やその一部を先行詞にする非制限用法がある。
　(1) 制限用法
　　　This is the same bag as I bought in Hawaii.
　　　「これは私がハワイで買ったのと同じ鞄だ」この as は関係代名詞（目的格）。
　(2) 非制限用法（主節の位置は as が導く関係詞節の前・後どちらも可）
　　　She was late for the meeting, as is often the case with her.
　　　= As is often the case with her, she was late for the meeting.
　　　「彼女にはよくあることだが、彼女は会合に遅れてきた」この as は主格。
　　▶ **do＋O＋harm** は「O に害を与える」。

発展

do＋O_1＋O_2 構文：「O_1 に O_2 を与える」

☐ do＋〈目的語〉＋　― good「〜のためになる」
　　　　　　　　　　― harm「〜に害を及ぼす」
　　　　　　　　　　― damage「〜に損害を与える」
　　　　　　　　　　― justice「〜を正当に扱う」
　　　　　　　　　　― credit「〜の名誉となる」

（6）○ 「あなたには、むしろ私と一緒に来てもらいたくない」
　➡ **would rather** のあとに続くのは原形動詞だけでなく、**(that)節**も **OK**。その場合、節内の動詞は**仮定法**を用いる。

発展

would rather ＋(that)節のパターン	
仮定法過去	**I would rather** you *finished* the task by yourself. 「その仕事は、君1人で片づけてもらいたい」
仮定法 過去完了	**I would rather** Mary *hadn't married* such a greedy man. 「メアリーはあんなに欲の深い男と結婚しなければよかったのに」

（7）× you are convenient → **it is convenient for[to] you**
「いつでもあなたの都合がよい時に、私に電話してください」

▶ **convenient** は〈人〉を主語にとらない（ p.71 発展 参照）。

（8）× when → **than**
「彼女はそう言うやいなや自分の間違いに気がついた」

▶ no sooner ～のあとは、when [before] ではなく than がくる。この文の場合には、**否定の副詞句の no sooner** が強調のため文頭に出ているので、あとが倒置になっている点にも注意。

発展

「～するやいなや」の頻出構文のまとめ

☐**as soon as** ～
☐**the moment** [instant ／ minute ／ second] ～
☐**directly** [immediately] ～
　ex. As soon as he arrived in Tokyo, he called his wife.
　「東京に着くやいなや彼は妻に電話をかけた」

☐**hardly** [scarcely] ～ **when** [before]...
☐**no sooner** ～ **than**...
　ex. The concert had hardly begun when it started to rain.
　「コンサートが始まるやいなや雨が降りだした」

☐**on doing** ～
　ex. On hearing the news, he came.
　「その知らせを聞くやいなや彼はやってきた」

（9）○ 「われわれの成功は、ジョンが定刻に来るかどうかにかかっている」
➡ **depend on** のあとには、名詞や動名詞（**doing**）だけでなく **whether** 節もとれる 盲点 。仮目的語 it を用いた **depend on it that** 節「～をあてにする」の構文もある。ex. You can depend on it that Tom will help you. 「トムが手伝ってくれると、あてにしてもよい」(=「トムがきっと手伝ってくれるよ」)

（10）○ 「あのとおり丘の上に建っているので、その家は見晴らしが良い」
➡ as it does の does は動詞 stands の代動詞。Standing ～と分詞構文になっているため、as it is とすべきだと誤解しがちだが、ここでは does を用いるのが正しい用法。Doing ～ as A do (does / did)「実際 A は～なので」
▶ command a fine view「眺めがよい」

10

問題 p.20

× （ 1 ） inhabited in Tokyo → **inhabited Tokyo**
「彼女は、西宮に来る前は東京に住んでいた」
➡ **inhabit** は「～に住んでいる」という意味の他動詞で、**inhabit ＋〈場所〉**の形で用いる。したがって、〈場所〉を表す Tokyo の前に、前置詞 in は不要。自動詞の **live** と混同しやすいので要注意 頻出 。

× （ 2 ） the traffic accident yesterday → **yesterday's traffic accident**
「今日の新聞各紙では、昨日の交通事故が報道されている」
➡ yesterday はこのままでは〈過去の一時点〉を表す副詞となり、Today's newspapers carry という現在時制と矛盾する。したがって、yesterday に 's をつけて所有格にし、yesterday's traffic accident とする。
▶ carry ～「（新聞・雑誌などが）～を報道する、伝える」

○ （ 3 ）「日本人の平均寿命が延びた」
➡ prolong は「〈時間・期間など〉を延長する」という意味の他動詞なので、〈期間〉を表す語句が主語になっているこの文の場合には、受動態で用いるのが正しい。

× （ 4 ） What an animal is that? → **What animal is that?**
「あれは何という動物ですか？　ヒョウでしょうか？」
➡ What ＋名詞～？
「どんな～か？」この what は疑問形容詞。

○ （ 5 ）「そのウェイターは親切なことに、私が訪れる予定になっていた都市に関する情報をたくさんくれた」
➡〈形容詞＋ enough to- 不定詞〉の語順で正しい。**information** は不可算名詞なので、**a lot of ～**で修飾されても複数形にならない。the city と I was to visit の間には、関係代名詞の目的格が省略されている。この **be to- 不定詞**は〈予定〉の意。

× （6） suggested me → **suggested to me**
「彼女は僕に、お母さんを旅行に連れて行ってあげればとすすめた」
➡ suggest の用法（▶ p.38 発展 参照）。

○ （7）「彼は、今年最高の歌手3人のうちの1人だ」
➡ **among ＋ the ＋形容詞の最上級＋複数名詞＝ one of the ＋形容詞の最上級＋複数名詞**「最も〜のうちの1つ」
▶ **for this year**「今年(は)、今年の間」

× （8） too many hours → **as many hours**
「待ったのはたった10分だったが、僕には10時間のように思えた」
➡ **as many ＋複数名詞**「(前出の数詞と)同数の〜」という意味。この文では、前に ten があるので、as many hours ＝ ten hours。

× （9） **I consulted my book of Japanese flora for those flowers.** または **I looked up those flowers in my book of Japanese flora.** と訂正。
「私は、それらの花を、日本の植物に関する自分の本で調べた」
➡ **consult** は〈調べるべき辞書や図鑑、参考書類〉を目的語にとる。調べようとする単語などを目的語にとれるのは、look up 〜。

× （10） **be** を両方とも **to be** に換える。「人ごみにいるより、1人きりでいたい」
➡ **prefer A（to- 不定詞）rather than B（to- 不定詞）**「BよりもAしたい」の構文にする。rather than 以下は原形不定詞でもよい。

11

【解答】(4)、(5)、(6)、(9)、(12)

(1) × it は不要。(to- 不定詞の目的語が文の主語と一致している場合は、その目的語を省略する)
「この部屋は入れるほど大きくない」

発展 注意すべき so ... that 〜 構文と too ... to 〜 構文の対応

☑Tom's house is so small that all of us cannot stay **in it**.
(it は必要)
☑Tom's house is too small for all of us to stay **in**. (it は不要)
「トムの家は狭すぎて、僕たち全員が泊まることはできない」

(2) × **economic** は「経済上の、経済に関する」という意味の形容詞。よって、ここでは **economical**「倹約な」を用いるべき。
「彼は、とても節約家だ」

発展 ねらわれる派生形

consider ┬ **considerable** damage「かなりの損害」
         └ It was **considerate** of you to do 〜「〜とは思いやりがあった」

economy ┬ an **economic** crisis「経済上の危機」
        └ an **economical** stove「節約型のストーブ」

history ┬ **historic** scenes「歴史上名高い場所→史跡」
        └ **historical** account「歴史的な説明」

respect ┬ a **respectable** person「立派な人物」
        ├ be **respectful** to 〜「〜に敬意を払っている」
        └ their **respective** homes「彼らそれぞれの家」

sense ┬ a **sensitive** child「敏感な子供」
      └ It is **sensible** of you to do 〜「〜とは賢明だ」

imagine ┬ **imaginary** creatures「想像上の［架空の］生物」
        ├ every means **imaginable**「想像しうるあらゆる手だて」
        └ an **imaginative** boy「想像力豊かな少年」

tolerate	be **tolerant** of ～「～を**大目に見る**、～に**寛容である**」 The pain was **tolerable**.「痛みは**我慢できる**ものだった」
succeed	a **successful** writer「**成功を収めている**作家」 four **successive** years「**続けて**4年」
industry	**industrial** robots「**産業用の**ロボット」 an **industrious** student「**勤勉な**学生」

（3）× 「理由」を尋ねる Why ～? の疑問文に for は不要。したがって for を削除、または Why を What に訂正して What...for?「何のために…?」の形にする。
「なぜ、私が彼ら2人を必要としているのですか」

（4）○ 「スミス先生は僕たちに英語を、ジョーンズ先生はフランス語をそれぞれ教えている」**respectively** は「それぞれ」という意味の副詞。

（5）○ 「我々の見解に相違はない」

（6）○ 「我々の学生のうち、かなり多くの者が卒業後海外に出かける予定でいる」往来発着を表す動詞は現在進行形で予定を表す。be going で「行く予定だ」という意味。

（7）× introduce は二重目的語をとらないので、I will introduce Miss Saito to you. と訂正する。「君に斉藤さんを紹介するつもりです」

（8）× your victory の前に on［または upon］が必要。congratulate 人 on 事柄「人に～のことでお祝いをのべる」。
「君の勝利に、おめでとうと言いたい」（▶ p.83 発展 参照）。

（9）○ 「北極上空を飛んだのは、スカンジナビア航空が最初だった」airlines「航空会社」は、形は複数形だが、通常は単数扱い。

（10）× from を to に訂正すべき。close to ～「～の近く」
「私は、駅のごく近くに住んでいる」

（11）× Saturday → **on Saturday**
「君とジョニーは、土曜日にそのダンスパーティーに行く予定ですか」

また、三人称代名詞（または名詞）は you の後、I の前に入るのが普通なので、Johnny and you は you and Johnny の語順の方がよい。

(12) ○　「1ドル持っているなら、君にあげるのだが」　one = a dollar「1ドル硬貨・紙幣」（▶ p.76 発展 参照）

(13) ×　**object** は通常**自動詞**として用いる。したがって、「～に反対する」を表すには前置詞 to が必要。objected → **objected to**。
「以前僕は彼の提案に反対したことがあり、それ以来彼は僕に口をきかない」
（▶ p.34 発展 参照）

(14) ×　fever → **temperature**　fever は「（病気による）熱」
「人体の平熱は、36.5度である」

(15) ×　**enjoy** は「楽しくすごす」の意味のときは oneself を目的語として**他動詞**で用いるのが普通。したがって **enjoyed themselves** と訂正すべき。
「観客は皆大いに楽しんだ」

12

問題 p.22

> **問題へのアプローチ**
> 　設問は英語で書かれているが、その指示内容は、示された10個の英文のうち、それぞれ、正しければ1、誤りを含んでいれば2と答えよというものである。

(a) **1**：「君は笑っていると、可愛く見えるね」
　　➡ lovely は形容詞。look ＋形容詞「～に見える」

(b) **2**：was hit hardly → **was hard hit**「彼らは、彼がひどく殴られたと言っていた」
　　➡ **hardly** は「ほとんど～ない」という意味の〈否定〉の副詞。ここは、文脈上、副詞の **hard**「ひどく」を用いるべきところ。hard の位置（➡ p.73 発展 参照）。

(c) **2**：a nice weather → **nice weather**「いい天気だ」
　　➡ **weather**「天気」は**不可算名詞**で、形容詞がついても a ～とはしない。（➡ p.58 発展 参照）

(d) **2**：**the** を削除。
　　「僕は昨日、ジャックの新しいガールフレンドに会った」
　　➡ 冠詞 a や the と所有格を併用することはできないので、the を削除すべき。

(e) **1**：「ここに来たのは初めてです」
　　➡ for the first time「はじめて」

(f) **1**：「君が会いに行けば、彼らも喜ぶだろう」
　　➡ if 節内の時制（➡ p.24 発展 参照）

(g) **2**：ever → **already**「そのことは、私、もう聞いたわ」
　　➡ 通常、ever は肯定文の中では用いられない。ただし、次のような構文の場合は OK。
　　　① 「これまで…した中で～」
　　　　ex. Jane is the most beautiful woman (that) I have **ever** met.
　　　　　「ジェーンは私がこれまで会った中で最も美しい女性だ」

②「～するのはこれで…度目だ」
　　ex. This is the third time (that) I have **ever** visited London.
　　「ロンドンを訪れるのはこれで3回目だ」

（h）**1**：「経済的に使えば、1個の電池で少なくとも6週間はもつ」
　⇒ 受動態の分詞構文。**economically**「経済的に」。**last**＋〈時間の長さを表す語句〉「～の間もつ」。

（i）**2**：insisted me to go → **insisted on my [me] going** または **insisted (that) I (should) go**「彼は、私にどうしても行ってもらいたいと言った」
　⇒ insist の用法（▷ p.63 発展 参照）

（j）**2**：to my father → **my father**
　　「そのことに関しては、父にたずねてみなくっちゃ」
　⇒ 動詞 ┌ **ask**＋〈人〉＋**about**〈事柄〉「〈人〉に～のことについてたずねる」
　　　　└ cf. **ask**＋**a question**＋**of**〈人〉「〈人〉に質問する」

13

（1） **(B) an air → air**

「空気がきれいではない、電車が混んでいる、そして家が高いという理由で、大都市に住むのを好まない人が多い」

➡ 「空気」という意味の air は不可算名詞。可算名詞の air は「態度」「様子」という意味になる。ex. an air of confidence「自信にあふれた様子」

（2） **(B) resistant → resistant to**

「多くのスーパーマーケットがビニール袋の料金を請求し始めたが、コンビニはその変更に抵抗している。コンビニは、そのことで客がコンビニに行く気にならなくなるだろうと心配しているのかもしれない」

➡ be resistant to ~ で「~に抵抗する、反抗する」という意味。resistant は形容詞で目的語がとれないので、このままでは the change とつながらない。
cf. charge for ~ 「~の料金を請求する」 (C) の that that は前の that が接続詞、後ろの that が「そのこと」という意味の代名詞である。

（3） **(D) himself → him (to be)**

「一部の批評家はアーネスト・ヘミングウェイを過大評価された作家とみなしたが、一方、彼を本当に才能のある小説家とみなすものもいた」

➡ この文では himself が機能していない。himself のような再帰代名詞は、主語と目的語が一致しているときに用いる。ex. He thought himself (to be) a great artist.「彼は自分自身を偉大な芸術家だと考えた」

（4） **(D) rudely → rude**

「ボディーランゲージは文化によって異なるため、ある社会では友好的である身振りが別の社会では無礼だとみなされることもある」

➡ 「無礼な、失礼な」という意味の形容詞は rude。rudely は「無作法に」という意味の副詞なのでここでは不適切。なお、friendly には形容詞と副詞の両方があり、ここでは形容詞として用いられている。
cf. differ from culture to culture「文化によって異なる」

（5） **(A) As much as → As long as**

「消費者が機能だけでなく、見た目でも携帯電話を選ぶ限り、会社はより魅力的

なデザインを提供するため互いに競争を続けるだろう」
➡ (As) much as SV ... は「S は大いに…するけれども」という譲歩の意味を表す副詞節だが、ここでは、As long as SV ...「S が…する限り」（時間的な限界）でないと文意がとおらない。
cf. (As) much as I wanted to play tennis, I decided to study.
「とてもテニスをしたかったけれども、勉強することにした」

(6) **(D)** for → **of**
「海外旅行をするときは、旅行者用小切手を必ず持っていきなさい。それは便利で携帯しやすい。それがとても役にたつものだとわかると、私は思う」
➡ of (great) use は「（非常に）役にたつ [有益な]」という意味の形容詞句。for では意味をなさない。なお、with you の with は《携帯》を表す。

(7) **(C)** ever → **never**
「もしあなたがしばらく英語を話していないとしたら、2度と英語を話すことができないと、あなたには思えるかもしれない」
➡ ever では文意がとおらないので、否定の副詞 never とすべき。

(8) **(C)** number → **amount**
「このことを信じがたいと思うかもしれないが、私は宝くじで大金を獲得したところだ」
➡ money は不可算名詞なので、number とともに用いることはできない。不可算名詞とともに用いる amount などに訂正すべき。
cf. a number of ＋可算名詞（複数形）は「いくつかの…」「多くの…」。

14

（a）**(3)** should be built → **should have been built**

「その病院は非常に古く、もはやその地域の要求に応じることができないのだから、何年も前に新しい病院が建てられるべきだった」

▶ 「～すべきだったのに（しなかった）」を表すのは **should have** ＋過去分詞。したがって、should have been built でなければならない。needs はこのように通例、複数形で「要求」の意味。

（b）**(1)** has caught → **have caught**

「警察はその店に押し入り、38万円を奪って逃げた２人の泥棒を逮捕した」

▶ **the police**「警察」は**常に複数扱い**で、動詞も複数形で受ける。have caught とすれば OK。break into ～「～に押し入る」も覚えておくこと。

（c）**(4)** to answer → **answering**

「彼は彼女を助け出してやりたかったが、彼が彼女の過去について聞くたびに、彼女はその質問に答えるのを避けた」

▶ **avoid** は動名詞を目的語にとる。**avoid doing**「～するのを避ける」と覚えておく 最重要。

発展

to- 不定詞をとるグループ

☐ **agree**「～することに同意する」
☐ aim「～しようとする」
☐ arrange「～するよう手配する」
☐ **care**「～したいと思う」
☐ choose「～する方に決める」
☐ **decide**「～することに決める」
☐ expect 人 to do
　「～するものと人に期待する」
☐ **fail**「～しない、～できない」
☐ **hesitate**「～するのをためらう」
☐ hope「～するのを希望する」
☐ learn「～できるようになる」
☐ **manage**「どうにか～する」
☐ **mean**「～するつもりだ」
☐ plan「～する計画だ」
☐ pretend「～するふりをする」
☐ promise「～すると約束する」
☐ **refuse**「～するのを拒否する」
☐ resolve「～する決心をする」
☐ seek「～しようと努める」

| 発展 | 動名詞をとるグループ |

- ☐ admit「〜したと認める」
- ☐ **avoid**「〜するのを避ける」
- ☐ consider「〜するのを考慮する」
- ☐ delay「〜するのを遅らせる」
- ☐ **deny**「〜していないと言う」
- ☐ **enjoy**「〜することを楽しむ」
- ☐ **escape**「〜するのを逃れる」
- ☐ excuse「〜するのを許す」
- ☐ **finish**「〜し終える」
- ☐ **help**「〜するのを避ける」
- ☐ mention「〜したと話す」
- ☐ **mind**「〜するのを嫌がる」
- ☐ **miss**「〜しそこなう」
- ☐ practice「〜する練習をする」
- ☐ **postpone**「〜するのを延期する」
- ☐ quit「〜するのをやめる」
- ☐ **resist**「〜することに抵抗する」

- ☐ **be opposed to**「〜することに反対だ」
- ☐ **give up**「〜するのをやめる」
- ☐ leave off「〜するのをやめる」
- ☐ **object to**「〜するのに反対する」
- ☐ put off「〜するのを延期する」
- ☐ **with a view to**「〜するつもりで」

(d) (1)　excited → **exciting**

「宇宙開発の道を拓いたという点で、その実験は本当に（我々の）興味をそそるものだ」

最頻出 ➡ **分詞形容詞の形、〜ing か〜 ed を問うもの。** その実験が「（人を）興奮させるような」ものであって、「（〜によって）興奮させられている」→「興奮している」のではないから、exciting とする。

excite（他動詞「〜を興奮させる」）┬ exciting「**能動**/興奮させるような」
　　　　　　　　　　　　　　　　　└ excited「**受動**/興奮している」

|発展|

～ing か～ed かを問う形容詞
他動詞から派生していることに注意！

☑ **amaze**	「驚かす」	**amazing**「驚くべき」 **amazed**「驚いている」
☑ **amuse**	「楽しませる」	**amusing**「おもしろい」 **amused**「楽しんでいる」
☑ **bore**	「退屈させる」	**boring**「うんざりするような」 **bored**「うんざりしている」
☑ **confuse**	「困惑させる」	**confusing**「混乱させるような」 **confused**「困惑している」
☑ **disappoint**	「失望させる」	**disappointing**「がっかりさせる」 **disappointed**「がっかりしている」
☑ **excite**	「興奮させる」	**exciting**「刺激的な」 **excited**「興奮している」
☑ **interest**	「興味をもたせる」	**interesting**「興味深い」 **interested**「興味を感じている」
☑ **puzzle**	「困らせる」	**puzzling**「まごつかせる」 **puzzled**「困惑している」
☑ **surprise**	「驚かす」	**surprising**「驚くべき」 **surprised**「驚いている」
☑ **satisfy**	「満足させる」	**satisfying**「満足できる」 **satisfied**「満足している」
☑ **tire**	「疲れさせる」	**tiring**「疲れさせる」 **tired**「疲れている」

▶ **in that** は「～という点で」を表し、節を導く。

（e）(4) looked like → looked

「私が彼を病院に訪ねて行ったのは、自動車事故からたった2日後のことだったが、彼はすっかり元気そうだった」

▶ **look like ＋名詞**で「～のように見える」。look の後に形容詞が来る時には、第2文型で、**主語＋ look ＋形容詞**となる。この場合、all right は形容詞で「元気で、丈夫な」を表しており、like は不要である。

発展	**look like が文もひっぱる？**
OK look like ＋名詞	He looks like **a giant panda.** 「彼はパンダみたいだ」
OK look like ＋文	You look like **you knew the fact.** 「君は事実を知っているように見える」 look as if とイコールと考える。

(**f**) (**1**) to buy → **in buying**

「その金持ちは海岸の豪華なホテルを買うことに関心があったが、弁護士はそれを危険すぎると考えた」

➡ 「～に関心がある」は、be interested in ＋名詞 / doing（動名詞）。したがって、to buy は in buying となる。

　　know、hear の場合は be interested **to know / hear** と to- 不定詞をとって、「～が知りたい、聞きたい」を表す。

(**g**) (**4**) office equipments → **office equipment**

「その会社はコンピュータだけでなく、事務機器の一流メーカーとしても有名である」

➡ 「装置・設備」を表す equipment は**不可算名詞**で複数形として用いられることはない。leading「指導的な、一流の」も覚えておく。

(**h**) (**4**) closed time → **the closing time**

「彼がレストランに着いた時、店はもう閉まっていた。何時が閉店時刻なのだろうかと彼は思った」

➡ { closing ＝能動的で動作を表し「(～を) 終わらせる、閉める」
　 closed ＝受動的で状態を表し「閉められている」

　　「店が閉まっている」は、「店が閉められている」状態のことなので、The shop is **closed**. となり、「閉店時刻」の方は「店を閉める」時刻という能動的な動作なので the **closing** time となる。

（ⅰ）**(3)** two clothes → **two suits of clothes**

「デパートが冬服のセールをやっていたので、彼女はクレジットカードを使って洋服を2着買った」

➡ **clothes**「衣服」は **two clothes** などのように数詞とともに用いることはできないので、**two suits of clothes** としなければならない。なお、(2)の **clothing** が「衣類」を表す**集合名詞**であることも併せて注意。

（ｊ）**(4)** are attended → **are attended <u>to</u>**

「顧客からのすべての苦情に、迅速にそして的確に応じるように取り計らうのが彼の仕事である」

➡ 「～に注意を払う、(客の用)を聞く」という意味では **attend to ～** とすべき。(4)をその受動態である **are attended to** とすれば OK。
　ex. Are you being attended to?
　「もうご用はうかがっておりますか」(店員などのことば)

▶ **see (to it) that ～**「～となるように取り計らう、確実に～になるようにしておく」も絶対に覚えておくこと。

（ｋ）**(2)** next meeting → **the next meeting**

「次回の集会は4月15日の午前10時に、5階の第2会議室で開かれることをお知らせします」

➡ 〈**the next** +名詞〉が名詞句として「次の～」の意味で用いられる場合は、通例定冠詞 **the** などを伴う点に注意。
　cf. 〈**next** +時間を表す名詞〉が副詞句として「(この)次の～に」を意味する場合は無冠詞。　ex. I am leaving for Sydney next Monday.「私は来週の月曜にシドニーに出発する」

▶ **advise** には「～を通知する」という意味があり、Please be advised that... で「…を通知いたします」になる。

（ｌ）**(1)** decide → **have decided**

「その銀行家は、周囲の誰にも少しもほのめかしてはいなかったが、退職する決心をしているようだった」

➡ このままでは「退職する決意を（これから）するようだった」であり、まだ決意してもいないことを、他の人にほのめかせるはずなどなく、文の意味が通じない。**seemed** という述語動詞の時制よりも前に決意していたことを表すには、〈**to** + **have** +過去分詞〉という完了不定詞を用いればよい。

{ She seems to like him.「彼女は彼が好きみたいだ」
{ She seems to have finished reading the book.「彼女は本を読み終えてしまったようだ」

▶ **not the slightest ～** は「少しも～ない」を表す 頻出 表現。
　I don't have the slightest idea what he is talking about.
　「彼が何のことを言っているのか、私にはさっぱりわからない」

(m) (4) 　high quality of food → **food(s) of high quality**
　「グルメとは、すばらしい料理やワインについて多くを知っており、高級な食べ物を食すのを楽しむ人のことである」

　⮕ food(s) of high quality の語順で「高級な食べ物」。特にいろいろな種類の食べ物を表すときには foods とする。

(n) (2) 　mere presence → **the mere presence**
　「単に警察のパトロールがあるというだけで、犯罪や事故に対してなにか重要な効果があると、はっきり示すような証拠はまったくない」

　⮕ **the** presence of ～で「～があること・いること」。常に特定のものの存在を示すので、定冠詞 **the** が必要。また、「犯罪」を集合的に表す時 crime は不可算名詞。
　　cf. She becomes hysterical at **the** mere mention **of his name**.
　　「彼の名前が言われるだけで、彼女はヒステリックになる」

(o) (1) 　requested him → **requested of him**
　「家主は、アパートを取り壊さなければならないので、彼とその家族にアパートを出てほしいと頼んだ」

　⮕ **request**「人に～を依頼する」という動詞は、request ＋人＋ that 節という形を取らない。ここでは 1 を request ＋ (of 人) ＋ that 節にすれば OK。 to-不定詞を伴って request ＋人＋ to do ～という用法もある。なお、that 節の時には、request that ＋主語＋［should］＋動詞の原形となる。

(p) (3) 　a bad weather → **bad weather**
　「天気予報が週末にかけて悪天候になると言っていたので、計画を取り消さなければならなかった」

　⮕ **weather**「天気」は形容詞がついても不定冠詞の **a** がつかない。(3)の a をとれば OK。

このweatherとは異なり、例えば、食事名は無冠詞であるが、形容詞などがつくとaが必要になる．

cf. lunch → **a** Sunday lunch「日曜の昼食」
a light lunch「軽い昼食」

発展

形容詞などを伴ってもaがつかない名詞	
☐**good weather**	「良い天気」
☐**useful information / advice**	「役に立つ情報・助言」
☐**startling progress**	「目ざましい進歩」
☐**bad behavior / conduct**	「悪い行動・行為」
☐**heavy traffic**	「激しい交通、渋滞」

(q) (2) searched for → **searched**

「警官はその運転手が盗難車を運転していたので、その男に車から出るように命じ、そして身体検査をした」

➡ **search** の使い方は要注意！ search for ～では「～を捜し求める」だから、この for をとる。search ＋人で「人の身体検査をする」。

発展

search の用法	
☐**search ＋場所**	「場所を捜査する」
☐**search ＋人**	「人の身体検査をする」
☐**search ＋～＋ for A**	「A を求めて～を捜しまわる」
ex. I searched my bag for my pen.	
☐**search for A**	「A を捜す」

(r) (4) surprised → **surprising**

「日本の若い労働者たちが働いている会社に対して、忠誠心を示さなくなっているというのは驚くべきことではない」

➡ (d)の設問と出題の意図は同じ。(4) を surprising にすべきである。文頭の that は主語となる名詞節を導いている。また **work for** ＋会社／人＝「～で働く」は 頻出 のイディオムで是非覚えておくこと。ここは the corporation (which) they work for という構造になっている。

（s）**(1)** had a difficulty → **had difficulty**

「彼女の家を見つけるのに彼は苦労した。その家は教会と反対の道の向こうではなく、教会の裏手にあった」

➡ 「～するのに苦労する」は have［find］**difficulty** (in) **doing** であって、**difficulty** の前に **a** はいらない。

（t）**(1)** a startling progress → **startling progress**

「その少年は学校の数学で目をみはるような進歩をとげた。おそらくコンピュータで遊んでいるからだろう」

➡ (p)の設問と出題の意図は同じ。**progress** は形容詞があっても **a** はつかない名詞。**make progress in** ～「～において進歩する」。このイディオムは覚えていても、**a** の有無まで気にしていない人が多いので要注意。

▶ **mathematics**「数学」は不可算名詞で、動詞は単数でうける

15

(1) "Are you still remembering me?" "Yes, I am." → **"Do you still remember me?" "Yes, I do."**

➡ remember はそれ自体すでに「覚えている」という状態を表す動詞であり、日本語にひっかかって be remembering などと進行形にしてはいけない。

(2) **OK**

➡ read の意外な意味に「〜と読める、〜と書いてある」があり、本文はこのままで正しい。なお、stood と a notice board は V + S の倒置。

発展

read の意外な意味
☑「読んでみると〜だ」の read This book reads interesting. 「この本は読んでみると面白い」 ☑「〜と読める」「〜と解釈できる」の read That rule reads three ways. 「その規則は3通りに解釈できる」

(3) I was suggested → **I was told 〜**

➡ 問題文を能動態にもどしてみると(仮に主語を they としておく)、They suggested me that 〜. となり、suggest が me「私に」と同時に that 節を目的語に取っているのがわかる。だが、**suggest は suggest ＋人＋ that 節という形にならない動詞**なので、それを受動態にした I was suggested 〜. も成立しない。

発展

二重目的語を取らない動詞	
☑**suggest**「提案する」	☑**prove**「証明する」
☑**explain**「説明する」	☑**express**「表現する」
☑**mention**「言及する」	☑**treat**「おごる」

（4） OK
- ▶ expect ＋人 「人が来るのを待っている、人が来ると思う」
- ▶ at any moment 「いつなんどき、今にも」

（5） OK
- ▶ reach ＋目的語「～に着く」は受動態にできる。
- ▶ some ＋数詞 「およそ、約～」

（6） The used vacuum-cleaner should be put back where it was → **When you finish using the vacuum-cleaner, you should put it back ～**.
- ➡ used では「中古の～」になってしまう。

（7） The plan was necessary to be changed into a new one. → **It was necessary for the plan to ～**.
- ➡ **necessary** の用法に注意。「…が～することが必要だ」は It is necessary for ... to- 不定詞で表す。
    cf. It is necessary for us to read these books. を We are necessary to read these books. と書き換えられない。

（8） OK
- ➡ miss ～「～を見逃す、聞き損なう」ここでは won't miss anything で「何も取り逃がすものはない」→「全然損しないよ」となる。
    この文中の if は even if と考えればよい。

（9） In this area there seemed to be a big ～. → **In this area there seems to have been a big ～**.
- ➡ 日本語の文は「～らしかった」ではなく、「～らしい」なので seemed を現在形にすべき。さらに、「地震が過去にあったらしい」と過去のことを現在推測しているので、地震があったという部分には、完了不定詞を用いる。
    cf. { There **seems to be** someone upstairs.
    「2階に誰かいるみたいだ」
    There **seems to have been** someone in this room.
    「この部屋に誰かいたみたいだ」

(10) **OK**

⇒ うっかりしていると「子供が言われる」だから、受動態で need being told に書き換えてしまう。need doing はこの形のままで「～される必要がある」という受動態を表している。

|発展|

形は能動態のままで受動態の意味をあらわすもの

This coat **wants** mend**ing**.「このコートは繕う必要がある」
You are **to blame**.「君が責められるべきだ」→「君に責任がある」
This sweater **washes** easily.「このセーターは簡単に洗える」
Your new book will **sell** well.「君の新作はよく売れるだろう」
Kyoto is **worth** visit**ing**.「京都は訪れる価値がある」

The boy has made startling progress in mathematics in school, probably because he has been playing with the computer.

16

（1）（C） stopped → **(should) stop**

「市民団体は開発業者が丘に土を捨てるのを止めさせることを、政府に求めた」

→ ask that ～は「～を要求する」という意味。demand などと同様にこの **ask** も **that** 節の中は、**that S ＋ (should) ＋ V** となる。したがって、(should) stop。

stop O (from) doing「O が～するのを止める」

発展

that ＋主語＋ (should) ＋動詞（原形）をとる動詞・形容詞

動　詞
- 決定　☑decide　☑determine
- 命令　☑order
- 要求　☑ask　☑demand　☑insist　☑require
- 依頼　☑request
- 提案　☑propose　☑suggest
- 助言　☑advise
- 推薦　☑recommend

形容詞
- ☑important「重要だ」　☑essential「必要だ」
- ☑necessary「必要だ」　☑advisable「賢明だ」

※ **important** と **necessary** は that 節内に直説法の動詞を用いることもある。

（2）（D）　in back → **in the back**

「彼女は明かりをつけて、一番上の引き出しを開け、そして手紙を引き出しのずっと奥に入れた」

→ in back of ～では、「～のうしろに」になってしまうので、in the back of ～「～の奥に」にしなければならない。

cf. in front of ～「～の前に」

（3）(B)　paper → **papers**
「学生たちは、学期末までに大気汚染問題に関するレポートを提出するようにと言われた」
➡ 「レポート」の意味では paper は可算名詞。「学生たち」の複数にあわせて、ここも複数のレポートを表す papers とする。

（4）(E)　「なんだか今日は悩みごとがあるみたいだね。なにか私に話すことはない？　何でも気になっていることを私に話してよ」
➡ Would you like **some** coffee? のように相手から **YES** の答えがあるのを期待している時には、**any** ではなく **some** を用いる。この設問も「悩みを話して欲しい」という話者の気持ちから B が anything ではなく something となっている。(C) は肯定文中の anything で「どんなことでも」を表す。
▶ be on ~'s mind「~の気にかかっている」ここは anything that is on your mind と同意。

（5）(E)　「どうして全員がその授業に毎日出るのがそんなに大事なのだろうか、僕は時間の無駄だと思う」
➡ a waste of time はこのままで OK。
「彼がその授業に出ることが大事なことなのだ」は、

It is important that { he attends the class. / he [should] attend the class. }
It is important for him to attend the class.

したがって、設問の (B) の部分である attend は原形のままで構わない。

（6）(A)　Most of students → **Most of the students**
「ほとんどの学生達は、平和な国に暮らしていることがいかに幸運かがわかっていたようだった」
➡ Most of **the** students とする。most の用法は、❶ most of the [one's など] ＋可算名詞、不可算名詞、❷ most ＋可算名詞（複数）、不可算名詞である。❶の方が集合が限定され、❷の方は一般的とされる。つまり❶なら「その~のほとんど」となり、❷は「大抵の~」となる 最重要 。

（7）(A)　scientific proofs → **scientific proof**
「今日ではシートベルトの着用によって、自動車事故での死亡者数を激減できるという科学的証拠がでている」

⇒ 「証拠」という意味では **proof** は**不可算名詞**であり、s はつかない。

（ 8 ） **(D)**　left → **had left**

「昨晩、トムの車はパーティーに向かう途中で故障し、彼が着いた頃まではほぼ全員の客が帰ってしまっていた」

⇒ トムが到着した（arrived）ころには、客はすでにひきあげていたのだから、arrived と同時である過去形の left ではなく、時制をそれより前にして、過去完了形の had left にする。

（ 9 ） **(D)**　was built → ［**should**］ **be built**

「多くの新しい住宅開発を考慮して、市議会は新しいショッピングセンターの建設を提案した」

⇒ **propose that 〜**「〜を提案する」の場合、**that ＋ S ＋ (should) ＋ V** になるので D を ［should］ be built とする。（▶ p.63 発展 参照）

（10） **(B)**　all informations → **all information**

「指示を読み、求められていることをすべて記入し、はさみを使って点線にそって切り取りなさい」

⇒ **information**「情報」は**不可算名詞**なので **s** はつかず、information のまま。また、instruction は通例 instructions で「指示」を表す。

17

問題 p.30

(1) D

- who を入れて who he was taking it としても、この間接疑問の中で who は何の機能も果たさないので不可。take it to 〈人〉「人に〜を持っていく」から、I asked him to tell me whom he was taking it to. であれば「彼がそれを誰に持って行くのか、私に話すように求めた」となる。
- A/B/C/E. when...「いつ…か」、where...「どこへ…か」、whether...「…かどうか」、why...「なぜ…か」

(2) D

- What about O?「Oはいかがですか」この場合、Oには名詞・動名詞が来る。
- A. Could we meet next Friday?「次の金曜日に会うことにしてもいいですか」Could we ...? は「…してもよろしいですか」という相手の許可を求める疑問文。
  B. Is it OK if we meet next Friday?「次の金曜日に会うのでいいですか」
  C. Shall we meet next Friday?「次の金曜日に会うことにしませんか」Shall we...? は相手の意志をたずねる疑問文で、「…しませんか」という意味。
  E. Why don't we meet next Friday?「次の金曜日に会うことにしたらどうですか」Why don't we...? は「私達は…したらどうですか」という提案を表す疑問文。

(3) E

- with rushing という表現はない。in a rush なら「急いで」という意味になる。
- A. Anne always does things as fast as she can.「アンはいつもできるだけ速く物事を行う」as ... as S can「できるだけ…」
  B/C/D. in a hurry「急いで」, speedily「すみやかに、急速に」、too quickly「あまりにも速く」

(4) B

- for a few times という表現はない。a few times なら「数回」
- A. After he'd rested for a few minutes, he set off again.「彼は数分間、休んだ後で、再び出発した」
  C/D/E. for a long time「長い間」、for a moment「少しの間」、for a while「しばらく」

(5) **A**
- by walking という表現はない。
- **B.** It's quicker to go in the car.「その車で行く方が速い」by car で「車で」だが、the [a, my] car など、car が無冠詞でない場合には、前置詞は in になる。
- **C/D/E.** late at night「夜遅くに」、on foot「徒歩で、歩いて」、on the bus「バスで」。by bus で「バスで」だが、a [the] bus の場合は on a [the] bus

(6) **C**
- What about O? は「Oはいかがですか、Oについてどう思いますか」という意味になるが、Oは名詞か動名詞。What about going by train this time? とすべき。「今回は電車で行くというのはどうですか」
- **A.** "How shall we get there?"「どうやってそこに行きましょうか」"Couldn't we go by train this time?"「今回は電車で行きましょうか」Couldn't we ...? は「…しましょうか」という提案を表す疑問文。
- **B/D/E.** Shall we ...? Why don't we ...? Why not ...? はいずれも「…しましょうか」という提案を表す疑問文だが、Why not ...? は Why not ＋動詞原形になる点に注意。

(7) **E**
- fun は「楽しみ、面白い事[物、人]」という意味の名詞だが、不可算名詞である点に注意しておきたい。very は副詞なので、名詞 fun を修飾できない。なお、fun を形容詞とするのは略式表現なので、語法問題ではあくまで fun は名詞と考えるべき。
- **A/D.** "Thank you very much. The party was a lot of [lots of] fun."「どうもありがとう。あのパーティーはとても楽しかった」a lot of [lots of] は不可算名詞を修飾できる。
- **B/C.** The party was good [great] fun.「パーティーはとても楽しかった」good、great は「かなりの、大変な」という意味を持つ形容詞なので名詞を修飾できる。

(8) **B**
- become to be [do]... という用法はない。
- **A.** "I don't know how I became so tired."「どうしてこんなに疲れたかわからない」become ＋ C「…になる」（Cは名詞、形容詞、過去分詞）

C.　come to be C　「…になる」
　　　D/E.　get ＋ C　「…になる」（Cは形容詞、形容詞化した過去分詞。名詞は不可。）　E はその現在完了形。

(9)　D

・thanks to O は「Oのおかげで」という意味だが、独立して用いず主節と共に用いる。皮肉で使われることもある。
　　　ex. Thanks to your efforts, the concert was a great success.
　　　　　「君の努力のおかげで、コンサートは大成功だった」
・A.　"Let me go with you to the station."「駅まで一緒に行かせてください」
　　"I am very grateful to you."「どうもありがとうございます」
　　S〈人〉＋ be grateful to〈人〉(for〈事柄〉)「(…の事で)〈人〉に感謝している」
　　B.　I appreciate your kindness.「ご親切をありがたく思います」
　　S〈人〉＋ appreciate ＋ O〈事柄〉「…をありがたく思う」
　　C.　Thank you very much.「どうもありがとうございます」
　　S〈人〉　＋ thank ＋ O〈人〉(for〈事柄〉)「(…の事で)〈人〉に感謝する」
　　E.　You are very kind.「ご親切に、どうもありがとう」

(10)　B

・never は〈頻度〉を表す副詞だが、「決して…ない、1度も…ない」という意味の否定の副詞なので、一般的な動詞の前、助動詞や be 動詞の後ろの位置（＝中位）に置かれ、文尾には来ない。強調して文頭に置かれることもあるが、その場合は倒置が起きる。
　　　I **never** have coffee and toast for breakfast.（中位）
　　　Never do I have coffee and toast for breakfast.（文頭）
　　　「私は決して朝食にコーヒーを飲んだり、トーストを食べたりしない」
・A/D/E.　frequently「しばしば」、occasionally「時折」、sometimes「時々」など〈頻度〉の副詞は、中位が普通だが、文頭や文尾に置かれることもある。なお、頻度は以下の順で高くなる。occasionally ＜ sometimes ＜ frequently
　　　C.　now and again「時々」は文頭か文尾に置く。

(11)　B

・Listening to jazz music always makes me feel (　　　).
　　「ジャズを聞くと私はいつも（　　　）な気分になる」

この文は I feel (　　) whenever I listen to jazz music. とほぼ同意だから、I feel (　　) に入らないものはどれかと考えるとわかりやすい。B の enjoyable は「〈物、事柄が〉愉快な、楽しめる」という意味の形容詞で、人には用いない。

  × I am enjoyable.
  ○ We had a very enjoyable weekend.「とても楽しい週末をすごした」

- **A/C/D/E.** feel energetic「力強い[エネルギッシュな]気分だ」、feel happy「幸せな気分だ」、feel relaxed「くつろいだ気分だ」、feel sleepy「眠い」

(12) **C**
- spend は spend + O〈時間・お金〉「…をすごす、使う」と用いる。この空所には spend の目的語である名詞（句）が入るので、for three weeks は不可。three weeks なら OK。
- **A/B/D/E.** She plans to spend a few days in China this summer.「彼女はこの夏、中国で数日をすごす計画だ」、spend about one month「約1か月すごす」、spend her vacation「休暇をすごす」、spend some time「しばらくすごす」

(13) **D**
- When I (　　) all night,「私は一晩中…すると」という節の中なので〈継続〉を表す動詞と組み合わせる必要がある。wake up は「目を覚ます」という〈（瞬間的な）動作〉を表すため all night とともに用いることはできない。
- **A/B/C/E.** When I stay awake all night, I'm very tired the next day.「私は一晩中起きていると、翌日とても疲れる」、stay out「外出したままでいる」、stay up「(寝ないで)起きている」、work「仕事をする」

(14) **A**
- families は名詞なので副詞 almost では修飾できない。
- **B/C/D/E.** Many families in my hometown own at least one car.「私の故郷の町では多くの家庭が少なくとも車を1台持っている」　most families「ほとんどの家庭」most は形容詞。Not many families ～「～する家庭はそれほど多くない」、Only a few families ～「ほんの少数の家庭だけが～する」

18

(a) 3

ポイント　不定詞の用法

1.「その老人は気難しい」この hard は difficult の意味で用いられている。hard は普通は〈人＋ be 動詞＋形容詞＋ to- 不定詞〉の構文をとらない。ただし、to- 不定詞の動詞の目的語が強調されて主語になる場合は良い。この文の場合は、主語の the old man が動詞 please の目的語と一致しているので OK。

➡ It is hard to please the old man .「その老人を喜ばせるのは難しい」
　　　　　　　　　　　　　　　O

　The old man is hard to please.
　　　S

発展　強調のために主語になれるのは〈他動詞・前置詞の目的語〉だけ！

❶ vt ＋ O　It is hard to please her .
　　　　　「彼女の気に入るようにするのは難しい」
　　　　　She is hard to please.

❷ prep. ＋ O　It is difficult to get rid of bad habits .
　　　　　「悪習を脱するのは難しい」
　　　　　Bad habits are difficult to get rid of.

※このように It is〈形容詞〉to do 〜から、S is〈形容詞〉to do 〜への転換が可能な形容詞には以下のようなものがある。

　hard, difficult, easy, impossible, dangerous, pleasant, tough など。

2.「ジョーンズは、しきりと実業界で成功したがっている」

➡ eager は「熱心な、〜したがって」という意味の形容詞なので、もちろん人を主語にとることができる。

×**3.** Bob は動詞句 make friends with の目的語ではないので、それを主語にしたこの文も文法的に間違っている。It is easy **for** Bob to make friends with strangers.「ボブは、知らない人とすぐ仲良くなってしまう」と訂正すべき。

発展	**It is ＋形容詞＋(for 人)＋to- 不定詞型の構文をとる形容詞**

convenient	「明日あなたと会うのが私には好都合だ」
	It is convenient for [to] me to meet you tomorrow.
	(× I am convenient to meet you tomorrow.)
necessary	「我々にはこれを改善することが必要だ」
	It is necessary for us to improve this.
	(× We are necessary to improve this.)
impossible	「それを理解するのは私には不可能だ」
	It is impossible for me to understand it.
	(× I am impossible to understand it.)
natural	「彼女がそう思うのも当然だ」
	It is natural for her to think so.
	(× She is natural to think so.)
important	「君が一生懸命勉強することが大切だ」
	It is important for you to study hard.
	(× You are important to study hard.)

4.　「徒歩で行くには、距離が遠すぎる」

➡ この great は「〈距離が〉長い」。その great を to- 不定詞以下が修飾し、「徒歩で行くには」という限定を加えている。

(b) **4**

ポイント　形容詞の用法

1.　「その店のオーナーは、借金で首が回らなくなっている」

➡ **be deep in ～**「～に没頭して、～にどっぷり漬かって」

　　　ex. Fred **was deep in** thought about the examination.
　　　「フレッドは、試験のことで頭がいっぱいだった」

2.　「探検家たちの行く手には、深い森が広がっていた」この thick は「密な」「こんもりした」

3.　「ボブは、浅薄なタイプの男だと思う」

×**4.**　「ナンシーは、東京の肉の値段がとても高いのに驚いた」expensive は「お金がたくさんかかる」という意味の形容詞（cheap はその反意語）。直接〈もの〉や〈事柄〉を修飾する場合は expensive / cheap、値段などを表す語（price「値段」、cost「費用」、salary「給料」）は high / low で修飾する。この場合は、

high を使うのが正しい 頻出 。

発展

expensive と cheap の用法

× The **cost** of a trip to Egypt is very expensive.
　　　　　　　　　　　　　　　　　×→○ high
○ A trip to Egypt is **very expensive.**
　「エジプト旅行の費用は高くつく」
× My husband's **salary** is cheap. 「うちの亭主は安月給だ」
　　　　　　　　　　　　×→○ low

（c）3
ポイント　副詞の用法
1.　「老人は、あやうくトラックにひかれそうになった」

発展

almost／nearly／barely

☑**almost**　「ほとんど〜」（あと少しのところである状態に達していない）
☑**nearly**　「ほとんど〜」（もう少しである状態に達しそうである）
　(1) **almost** ＋ **not**、**no**、**none**、**never** などの否定語は **OK**.
　　　nearly は否定語の前に置くことができない。
　(2) **very** ＋ **almost** は不可だが、**very** ＋ **nearly** は可.
☑**barely**　「かろうじて（…するに足る）」
　▶肯定的なニュアンスをもつ（否定的な場合は hardly、scarcely など）

2.　「我々の野球チームは、その勝ち抜き戦で惨敗した」
　　be 動詞＋ 副詞 ＋過去分詞の語順は正しい。
×3.　他動詞＋目的語の間に様態の副詞 hard は割り込めない。副詞 hard が目的語の前にくるのは誤り。よって、hit hard Ken を hit Ken hard と訂正。
　　「トムとケンがケンカをして、トムはケンをひどく殴った」
4.　「断じて車を飛ばさないように。危ないからね」

| 発展 | 副詞の位置（原則） |

(a) 様態を表す副詞（〈形容詞＋-ly 形〉の副詞の大部分、**hard**、**well**、**fast** など）
　①原則として**動詞（＋目的語・補語）の後**（強調のため文頭に出る場合もあり）
　　　Mary studied French **hard.**
　　　　　動詞　　目的語
　②**受動態**では、**be 動詞と過去分詞の間**に入れることが多い。
　　　This vase should be **carefully** treated.

(b) 時間的関係を表す副詞
　①**already**、**still**、**just** はふつう動詞の前（助動詞の後）
　　　Father has **just** come home.
　②**since**、**yet** は文尾がふつうだが、動詞の前も OK。
　　　Peter has not **yet** arrived here.
　③**early**、**late** は動詞の後
　　　Ted usually gets up **early** in the morning.

(c) 頻度を表す副詞
　　always、**usually**、**often**、**sometimes**、**never**、**rarely**、**seldom** など
　　原則として**動詞の前**（文頭、文尾の場合もあり）
　　　Jack **seldom** visits his father.

(d) 3

ポイント　前置詞の用法
1. 「ボブは、イェール大学の学生だ」▶この at は「所属」を表す.
2. 「そのバスに乗れば、駅まで160円で行けます」

| 発展 | 「交換・代償」の for |

☐They rewarded Jack **for** his services.
　「彼らは、ジャックの仕事に対して報酬を与えた」
☐Tim paid three pounds **for** the book.
　＝ Tim bought the book **for** three pounds.
　「ティムは、その本に 3 ポンド支払った」

×**3.** **on the contrary** は「それどころか、逆に」の意で、積極的にそれとは反する情報を加える場合に用いるため、この文脈には合わない。**to the contrary**「それと反対の」であれば、a sign を修飾して「それとは反対の標示」となる。
「禁煙の標示があるところで、タバコを吸う者もいる」

発展

紛らわしい contrary の熟語

☑**on the contrary**
〔文頭で〕（相手の言葉を否定して）それどころか（= far from that）
"I hear Kate is badly off." "**On the contrary**, she is quite rich."
「ケイトは金に困っているらしいね」「とんでもない、かなりの金持ちだよ」
☑**to the contrary**
〔修飾する語句の後で〕それと反対の〔に〕
"Ted said something **to the contrary**."
「テッドはそれと反対のことを言っていたよ」

4. 「このカメラは、僕のカメラと同種のものだ」
　the same as ～　「～と同種のもの」
　the same that ～　「～とまったく同一のもの」

(e) 1
　ポイント　**sleep** とその関連表現
×**1.**「眠ってしまう」という意味なら、fall asleep または fall into sleep を用いる。
　「バーバラは9時に床についたが、結局眠ったのは10時だった」
2.「父は、とても寝つきがいい」
3.「ネッドはいつも、朝8時まで寝ている」
4.「サムは、ジョーンズ教授の講義の間中眠かった」
　▶ feel sleepy「眠い」

19

（1）（2） to damage → **damaging**
「水害管理の計画を立案する技師たちは、できる限り環境破壊を回避する」
➡ 動詞 avoid は目的語として、to-不定詞ではなく、動名詞をとる。
（▶ p.53 発展 参照）

（2）（2） Either → **Each**
「これら4つの変わった名前をごらんなさい。いずれも、わきに印をつけるべきだ」
➡ 数字が出てきたら要注意。**either** は2者だけに関して用いる。この場合は「4」なので2者以上に用いる、**each** などに訂正すべき。

発展	2者	2者以上	3者以上
	both／either	each	every／all
	neither		none

（3）（3） those → **that**
「野球の優勝チームのメンバーに必要なトレーニングは、長距離走者に必要なトレーニングと同じくらい大変なものだ」
➡ training は単数名詞なので、the training をうける代名詞は those ではなく that。

発展

名詞の繰り返しを避ける that、those、one、ones の用法

☑ **the+ 単数名詞** ─ 原則として **it** でうける
　　　　　　　　└ 後に**前置詞句（of ～など）**や**形容詞句 [節]、分詞修飾**がつく場合…**that**

This is <u>the watch</u> Tom gave me. I love <u>it</u> very much.
「これがトムのくれた時計よ。私、それがとても気に入っているの」
<u>The climate</u> here is milder than <u>that</u>（= the climate）of Hokkaido.
「ここの気候は北海道の気候よりもおだやかだ」

☑ **a+ 単数名詞** ─ **特定**のものとしてうける場合…**it**
　　　　　　　　└ **不特定**のままうける場合…**one**

Tom left <u>a pen</u> in my room. I'll send <u>it</u> back to him.
「トムは僕の部屋にペンを忘れていった。彼にそれを送り返してあげよう」
"Do you have <u>a word processor</u>？" "I'm going to buy <u>one</u> this week."
「君、ワープロ持っている？」「僕は今週買うつもりなんだ」

要注意　**one** は不可算名詞をさすことはできない。
　　　ex. James likes red wine better than <u>white one</u>.
　　　　　　　　　　　　　　　　　　　　×→ **white wine** とするか
　　　　　　　　　　　　　　　　　　　　white だけ残す

☑ **the+ 複数名詞** ─ 原則として **they (them)** でうける
　　　　　　　　└ 後に**前置詞句（of ～など）**や**形容詞句 [節]、分詞修飾**がつく場合…**those**

These are <u>the books</u> my father left. I'll give <u>them</u> to that library.
「これらは父の残した本です。私はそれらをあの図書館に寄付するつもりです」
<u>The books</u> he wrote were less interesting than <u>those</u> written by Jim Porter.
「彼の書いた本はジム・ポーターの著書より面白くなかった」

☑ **（無冠詞）複数名詞** ─ **特定**のものとしてうける場合…**they（them）**
　　　　　　　　　　　└ **不特定**のままうける場合…**ones**

There are many kinds of <u>flowers</u> in our garden. Mother waters <u>them</u> every morning.
「うちの庭には多くの種類の花がある。母は毎朝それらの花に水をやる」
Some Korean <u>cars</u> are as excellent as Japanese <u>ones</u>.
「韓国製の自動車の中には日本車と同じくらいすぐれたものがある」

(4) (3) the boss → **the boss's**
「A：うちの上司の出した、この新しいアイデアのこと、聞いたかい？
B：いいや、まだ聞いていないよ。どんなものか教えてくれないか」
this new idea of the boss だと「上司に関する新たな考え方」の意味になってしまう。cf. my idea of education「教育についての私の考え」

→ 〈所有・所属〉を表す場合は、名詞＋ of ＋所有格（または所有代名詞）の形を使う。

cf. ┌ a painting of my mother's
　　│　「母の所有している絵」
　　└ a painting of my mother「母を描いた絵」
　　　　（この of は、目的格関係を表す）

(5) (4) of → **about / for**
「また彼女に会うなんて、やつもバカだなあ。彼女の方は、大して気がないのに」

→ 自動詞 care は普通、前置詞として、of ではなく about または for をとって、「〜に関心がある」

発展

動詞 care の用法

☑ care about 「〜に関心がある」
☑ care for ❶「〜の世話をする」
　　　　　 ❷「〜を好む」（＝ like）
　　　　　　［通例、疑問文・否定文・条件節で用いる］

(6) (3) many → **much**
「ドイツのバス運転手は皆、イギリスのバス運転手の2倍の給料をもらっている」

→ 金額の多い・少ないは、数ではなく量の概念でとらえるので、many ではなく much を使う。does は gets paid をうける代動詞。get ＋過去分詞で「〜される」という受動態の意味になる。

(7) (3) ever → **削除**
「彼は、どこにでも行ったことがある —— 南極にも行ったことがあるんだ」

→ 「これまでに」を表す ever は通例、肯定文の中では使わない。

(8)(4)　will come → **comes**

「リックは戻ったらすぐ、電話しますよ」

▶ 時・条件を表す副詞節の中では、未来を表すのに未来形ではなく現在形を用いる 頻出。

If it rains tomorrow, we shall have to cancel the reservation.
「明日、雨が降ったら、その予約はキャンセルしなければならない」
この時、rains を will rain としないよう注意。

(9)(3)　had → **did**

A：「やあリンダ、ジムのパーティーは楽しかったかい？」
B：「ええ、楽しかったわ」
A：「誰か面白い人に会ったかい？」

▶ 一般動詞の疑問文（Do ～ ?）に答える場合は、助動詞の do を用いる。
▶ have a good time「楽しい一時をすごす」

(10)(4)　All the → **Any**

A：「子どもたちの面倒をみて下さってほんとうにありがとう」
B：「どういたしまして．いつでもどうぞ」

▶「いつでもどうぞ」という場合には、**Anytime**（= **Any time**）（イギリス英語では **At any time**）という表現を用いる。

(11)(1)　fear → **need / reason**

「その犬におびえる必要はありませんよ。とってもおとなしくて、害のないやつですからね」

▶ 文脈からいって、「恐れ・恐怖」という意味の fear ではおかしい。

(12)(3)　In person → **Personally**

A：「この提案に関するあなたのご意見をお聞かせ願えますか？」
B：「個人的には、全面的に賛成です」

▶ **in person** は、「自分で、本人が」の意味で、「個人的には」という意味はない。
ex. Jim should apologize to her **in person**.
「ジム本人が彼女に謝るべきだ」

また、次の例のように、名詞の後に置かれて「実物の～／～本人（そのもの）」という意味にもなる。
ex. I saw the Premier **in person**.「僕は、首相本人に会った」

20

（1）（1）　didn't I pass → **I didn't pass**

A：「僕は、最後の問題は解かなかったんだ、だから、受からなかったのさ」
B：「じゃあ、最後の問題を解いていたら、合格したってわけだね」

➡ that's why ～「そういうわけで～だ」のあとには平叙文の形がくる。
なお、B のせりふは、仮定法過去完了の文。ここで 2 か所使われている you'd のうち、前者は you had の略で、後者は you would の略。したがって、wouldn't you という付加疑問文の形は正しい。

（2）（1）　Driving → **Driven**

「気をつけて運転すれば、その車は、ガソリン 1 ガロンにつき 50 マイル走れます」

➡ この文の主節の主語は the car。車は「（誰かによって）運転される」ものなので、Driving という能動態の分詞構文ではおかしい。したがってここは、受け身の意味を表す過去分詞に訂正すべき。

ex. Seeing from a distance, **the mountain** looks like a lying man.
　　× Seeing → ○ Seen
「遠くから見ると、その山は寝そべっている人間のように見える」

発展	**do の意外な意味**

☑ **do** ＋〈距離を表す語句〉→「（ある距離を）進む」
☑ **do** ＋〈速度を表す語句〉→「（…の速度で）進む」
This car does 140 mph (= miles per hour).
「この自動車は時速 140 マイルで走れる」

また、to the gallon の to は、「～につき (per)」の意味で用いられている。

（3）（4）　another → **the other**

「ねえ、君たち 2 人。お互いに相手の言い分をよく聞かなきゃだめだよ」

➡ 2人の人間に対して、「相手の言い分をよく聞けよ」と忠告しているわけだから、another ではなく the other が正しい。この each は副詞用法（主語修飾）で「…はそれぞれ」という意味を表す。位置は be 動詞や助動詞の後、一般動詞の前に置く。

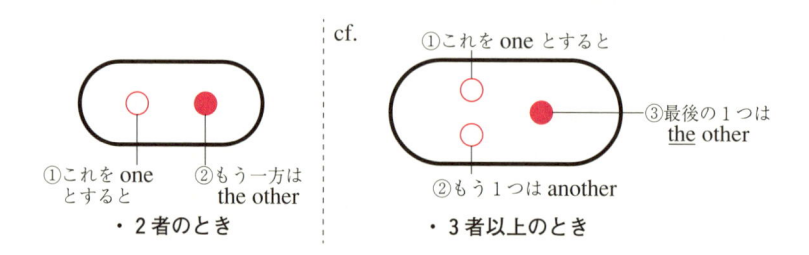

cf.

①これを one とすると　②もう一方は the other
・2者のとき

①これを one とすると
②もう1つは another
③最後の1つは the other
・3者以上のとき

（4）（3）　whenever → **however**

「どんなに時間がかかっても、その仕事をやり遂げようと、彼は決意している」

➡「どんなに時間がかかっても」という意味の譲歩節にするには、however long 〜の形を使う。

発展

疑問詞＋-ever の譲歩構文＝ no matter ＋疑問詞
ex. however difficult ＝ no matter how difficult

▶ be determined to do 〜 「（人が）〜する決意をしている」

（5）（1）　Not nowhere → **Nowhere**

「ヒマラヤ山脈のエヴェレスト山ほど高い山は、アンデス山脈のどこにもない」

➡ 否定の副詞が文頭に出た倒置および比較の構文。nowhere がすでに否定の副詞なので、not は余分。is there の部分は、文頭に否定の副詞が出たために起こった倒置なので正しい。

▶ Mount Everest のように「山」の名前には the がつかないが、the Himalaya Mountains のように「山脈」の名には the がつく点に注意。

（6）（1）　for hour → **for hours**

「僕たちは、何時間もの間、問題を解こうとした。だがジェーンは、たった1人でその問題を考え抜いた後、解答を見つけだした」

「1時間」の場合は for an hour。「2時間」なら for two hours だが、「何時間もの間」だと for hours となる。
► **come up with ～**「(解答・解決など) を見つける」は 頻出 イディオム。

(7)(1) Everything → **All**
A：「この機械、どうやって動かすのかわからないんだ」
B：「そのボタンを押し、こんな具合にフィルムをぐるっとスライドさせて挿入すればいいんだよ。そうすれば準備完了さ」
➡ 「～するだけでいい」という意味を表すには、**All you have to do is (to) do ～** という表現が用いられるが、ここでは have to が省略された形と考える。is の後には、本来ならば to- 不定詞がくるはずだが、主語に do [does / did] が含まれる場合、to のついていない原形不定詞も用いられる。したがって、下線部 (2) は誤りではない。

(8)(4) only week → **only a [または one] week**
「試験まで、わずか1週間しかないというのに、明らかにトムには勉強する気はなかった」
➡ week は可算名詞なので、冠詞または数詞をつける。
► **have no intention of doing ～**「～するつもりはない」

(9)(1) is → **are**
「畜牛は、肉を売る場所から2000マイル離れたところで屠殺される」
➡ **cattle**（家畜としての牛の総称）は集合名詞で、通例、複数扱いにする。
► この sell は自動詞で「売れる、売られる」という意味

(10)(2) from → **of**
「ジョンは、果物を食べ過ぎたせいでまいっている。食べ過ぎはやめるべきだ」
➡ 「～の結果」という意味で effect を用いる場合の前置詞は、from ではなく of。

発展

名詞 effect の用法	
the effect ─ of ～	「～の結果」
└ on[upon] ～	「～に対する効果、影響」

21

（1）**(c)**　happy and pleasant → **happy and pleased**

「私はあらゆる種類の音楽が好きだ。音楽を聞いている時はいつも幸せで楽しい」

▶ pleasant は、人が主語の場合は、「感じのよい、好ましい」という意味になる。物や事柄が主語の場合は「楽しい、愉快な」という意味になる。したがって、「自分が楽しい」という場合には、I am [feel] pleasant. といった表現はしない。〈人〉を喜ばせる、楽しませる」という意味の動詞 please が受動態 be pleased になると「（～によって）喜ばせられている、楽しませてもらっている」→「喜んでいる、楽しんでいる」という意味になる。

（2）**(a)**　The staffs → **The staff**

「我々のクラブの部員は、8月に開催されることになっている夏の合宿に備えて準備をするために、一生懸命働かねばならない」

▶ **staff** は「職員・部員」などを表す集合名詞。（**a staff** や **staffs** とはならない）。部員の一人一人を意識している時は、複数扱い。
　　ex. Her **staff** were [was] working hard.「彼女のスタッフは一生懸命働いた」

（3）**(d)**　got acquaintance with → **got acquainted with**

「私は、この大学に入学するとすぐテニス部に入り、たくさんの他の学生と知り合いになった」

▶「～と知り合いになる」という表現は、**get acquainted with ～**。

（4）**(a)**　I have just moved → **I just moved**

「私は2カ月前に東京に引っ越してきたばかりなので、まだこの街をじっくりと見る時間がとれないでいる」

▶ **two months ago** という、過去の一時点を明示する語句があるので、**(a)** の現在完了形の時制はダメ。just moved と過去形に訂正すべき。
　　▶ get [take] a good look at ～「～をじっくり見る」

（5）**(a)**　Realizing that → **Because I realized that**

「彼の言ったことは本当だとわかった。もっと勉強にあてる時間を増やし、遊びに費やす時間を少なくするというのはいい考えだった」

➡ (a) の分詞構文 Realizing ～の意味上の主語は、主節の主語 it とは別なので、このままでは文法的にダメ。接続詞をつけた上で I realized that ～などとすべき。
▶「～を…に費やす」は、spend O〈時間・金〉on [for, in]...

(6) (a) All problems → **All the problems**
「その試験の問題はすべてとても難しそうだったので、僕はとても合格点をとれそうにないと思った」
➡ ここで言及されているのは、特定の試験の問題。したがって、all problems ではなく all **the** problems と定冠詞をつけるべき。なお、a passing grade は「合格点」。
▶ despair of doing ～「～することをあきらめる」

(7) (a) She congratulated on my birthday → **She congratulated me on my birthday**
「彼女は僕に誕生日おめでとうと言い、これからもますます多くの幸せな誕生日が迎えられるよう願っていると言った」
➡ congratulate は他動詞で、**congratulate ＋人＋ on［upon］＋〈祝福すべき事柄〉**の形で用いる。したがって、(a) の congratulated と on の間に目的語である me が必要。

発展

congratulate と celebrate の用法

☑ **congratulate ＋人＋ on[upon] ＋～**
「(人) に～のことで祝福する、おめでとうと言う」
We **congratulated** Tom **on** his promotion.
　　(celebrated はダメ)
☑ **congratulate oneself ＋ on ＋～**
「～のことを喜ぶ」
Betty **congratulated herself on** her success.
「ベティはうまくいったと喜んだ」
☑ **celebrate ＋～（＋ with ＋〈行事〉）**
「～を〈行事〉によって）祝う」
We **celebrated** Tom's promotion **with** a party.
　　(congratulated ではダメ)
「僕たちは、パーティーを開いてトムの昇進を祝った」

（8）(b)　I am bored with life → **I am bored with my life**
　　　「僕はけっして生活に退屈しているなどと言いたくはないが、現状に満足していないことは確かだ」
　　➡ (b) の life は、人生一般のことではなく、特定の個人の生活なので my life とするのが妥当。

（9）(b)　drowned → **drowning**
　　　「彼は大波にさらわれて溺れかけたが、彼が沈むのを見た救助隊員が、沖へ泳いでいって救助した」
　　➡ drown という動詞の用法に注意。drown は自動詞用法も他動詞用法もある。
　　　❶「彼は溺死した」　He was drowned. He drowned himself.
　　　　　　　　　　　　　He drowned.
　　　❷「彼は溺れた」　　He was drowning. He nearly drowned.
　　　　　　　　　　　　　He was nearly drowned.
　　設問文の「結局助かった」という文脈に「溺死した」では合わないため、「(単に)溺れた」と訂正する。なお、swam out の out は「沖へ」という意味。seeing him go down の部分は、知覚動詞＋目的語＋補語(原形不定詞)の構造になっている。

（10）(d)　prohibited me to go → **forbade me to go**
　　　「2週間の冬休み中に海外へ出かけたかったのだが、両親は反対し、出かけるのを禁じた」
　　➡ prohibit は通常、「(法や団体などが)(ある行為)を禁じる」という意味で用いる。個人が禁じる場合には、forbid を用いる。

発展

forbid と prohibit の用法

☑**forbid**
　┬ ＋動名詞／ that S (should) V
　│　「(人・事情が) 〜を禁じる、許さない」
　└ ＋人＋ to- 不定詞　「〈人〉が〜するのを禁じる」

☑**prohibit**
　┬ ＋O〈名詞・動名詞〉「(法・団体が) 〜を禁止する」
　└ ＋人＋ from doing
　　「〈人〉が〜するのを禁止する、〜するのを妨げる」
　　Our school prohibits { our going / us from going } to a pub.
　　「うちの学校では、居酒屋に行くのは禁止されている」

(11) (a)　I persuaded her → **I tried to persuade her**

「僕は、その劇に応募するよう説得したが、彼女は勉強が忙しすぎるからと言って断った」

➡ persuade は persuaded〈人〉to do だと、説得が成功したという完了の意味を表す。つまり、I persuaded him to see a doctor. という文は「私は彼を説得して医者に行かせた」という内容を表している。この設問では彼女は断っているのだから、このままでは内容に矛盾がある。従って、try to などを用いて「説得しようとした」とすればよい。

▶ try out for ～は「～に応募する」

(12) (a)　The more I learned English words → **The more English words I learned**

「英単語を多く習得すればするほど、私は英語に興味を持つようになり、勉強を一層楽しめるようになった」

➡ **the ＋比較級～、the ＋比較級 ...**「～であればあるほどますます…」の構文。**数量形容詞は修飾する名詞と切り離すことができない。**

I learned <u>many</u> English words
　　　　　↓
　　　　more
　　　　↓
　　[The more English words] I learned

▶ **take pleasure in ～**は「～を楽しむ」。

(13) (a)　If I practiced more → **If I had practiced more**

「競技会の前にもっと練習していたなら、もっとうまくやれて、終わった後こんなに落ち込まなくてすんだのに」

➡ 全体は仮定法過去完了の文になっているので、(a) の I practiced を I had practiced と訂正すべき。

(14) (b)　these four years of university life → **the four years of university life**

「卒業する時に後悔しないように、大学生活の4年間にできる限りのことを経験したいと思っている」

➡ **these** four years だと「**最近** 4 年間」の意味になってしまうのでダメ。

I haven't seen him for <u>these</u> two years.「この 2 年間私は彼に会っていない」

(15) (d) at last → **after all**
「私たちは予定されていた試合ができることを期待しつつ、雨がやむのを待ち続けたが、雨は結局やまなかった」

→ **at last** は「(望ましいことが)ついに(起こった)」という意味で用いられ、否定文では使われない。したがって、「(意図・予想・計画に反して)結局」を意味する **after all** に訂正する 盲点 。

We waited and waited for the rain to stop, hoping to be able to play the scheduled game, but after all it never stopped.

22

問題 p.38

（a）(3)　concerned to → **concerning**

「学生の暴力行為に関する集会が開かれている部屋に、青いセーターの少女が入って来た」

➡ concerning ～で「～に関して」(= about)

（b）(2)　it will rain → **it rains**

「今週末、もし雨になったらどうだろう。我々は山にハイキングに行くのを取りやめなければならなくなるだろう」

➡ suppose [supposing] (that)... の用法に注意。
　Suppose が導く節内は、if 節と同様、直説法の場合、未来の事柄は現在時制で表す。

❶「もし…なら」※節内は、a. ありうる事なら直説法、b. ありえないことならば仮定法。

　　a.　Suppose (that) you are late, what excuse will you make?
　　　　「もし遅刻したらどういう言い訳をするつもりなの」
　　b.　Suppose (that) you lost your job tomorrow, what would you do?
　　　　「もし明日失業したら、どうしますか」

❷「…と仮定しよう」「もし…としたらどうなるだろう」※帰結節を伴わない。

　　　　Suppose (that) your parents found it out.
　　　　「両親にそれがわかってしまったらどうなるだろう」

▶ I [we] shall have to do = I [we] will have to do「…しなければならないだろう」

▶ go hiking in the mountains「山にハイキングに行く」。in を to にしないこと。

　　　ex.「池にスケートしに行く」go skating on the pond. これも skate on the pond であって skate to the pond ではないから、to the pond にしない。

（c）(3)　a Beethoven's violin concerto → **a violin concerto of Beethoven's**

「新聞によれば、ボストン交響楽団によるベートーヴェンのヴァイオリン協奏曲がテレビで今日の午後に放映されるということだ」

➡ (3) の a をトル。または、violin concerto という名詞に、a (冠詞) と

Beethoven's（所有格）を同時にかけることはできないので、**a violin concerto of Beethoven's** とすべき。

（d）（3） How do you think → **What do you think**

「ジョージの意見が聞きたかったので、ナンシーは彼に『天然資源問題についてどう思う、ジョージ』とたずねた」

➡「〜についてどう思うか」は **What do you think about[of]〜?** で表し、How は絶対に用いない。

発展

気をつけたい How と What

How do you like Japan?	「日本はいかがですか」（気に入っているかどうかをたずねる）
How do you find New York?	「ニューヨークはどうですか」
How do you feel?	「気分はいかがですか」（具合をたずねる時）
What do you think of...?	「…についてどう思いますか」
What do you say to...?	「…はいかがですか」（誘う時）
What about ...ing?	「…はいかがですか」（疑問・勧誘）
What is he like?	「彼はどんな人ですか」

（e）（2） to not devote → **not to devote**

「リンダは学業の目的と関係のないことに専念しないようにと、指導教官にいつも注意されている」

➡ not の位置がおかしいので、not to devote とする。**to- 不定詞の否定は直前に not が入る**。caution〈人〉to do「人に〜するよう忠告する」、caution〈人〉not to do「人に〜しないよう忠告する」 cf. always を伴う現在進行形が（現在反復して行われている動作）「いつも〜ばかりしている」を表すことにも注意。

▶ devote oneself to 〜 「〜に専念する」

（f）（2） most of people → **most people**

「10年たてば日本のほとんどの人々にパソコンが教育の一手段であることがわかると私は思う」

➡ **most** の用法を問う頻出問題。「日本にいるほとんどの人々」であって、特に集

合に限定がなければ、**most people in Japan** となる。
- ▶ 「手段」の **a means** も a mean と覚え込んでいる人が多いが、単複同形なので、注意しておきたい単語である。
- ▶ in ～「(今から) ～たてば」

(g) (5) any times → **at any time**

「ここで私共といっしょにいるあいだは、いつでも冷蔵庫の中の牛乳や果物を自由に取って食べていいですよ」

➡ 「いつでも」は at any time で表す。
- ▶ **help oneself to** ～「～を自由にとって飲み食いする」も 頻出 イディオム。

(h) (2) of → **for**

「レスターはこんなに長いことメアリーが手紙を書いてこないわけを本当に知りたいと思った」

➡ 「～の理由」は普通、**a reason for** ～と表す。
Mary('s) not writing ～は Mary を主語とする動名詞句。

(i) (5) to have taken place → **to take place**

「会社の10周年を祝う会が、どこで開催されるかで、ずいぶんごたごたがあった」

➡ where the reception was going to take place で「その会がどこで開催されるか」という未来の内容を表しているのであり、ここに完了不定詞を用いるのは無意味である。

- ○ He is going to meet her at the airport.
「彼は彼女と空港で会う予定だ」
- × He is going to have met her at the airport.

(j) (1) learned → **had learned**

「もしあなたが去年そのことを知っていたなら、多分今頃までには喫煙をやめていたでしょう」

➡ 仮定法の文、「去年もし知っていたら」を表す仮定法過去完了（過去の事実に反する仮定）の If you had learned of the fact last year, でなければならない。
- ▶ learn of ～「～のことを知る、聞く」

23

（1）(a)　Every students → **Every student**
　　　「すべての学生は、いつでも好きな時に入室できる」
　　　➡ every のあとには単数名詞がくる。したがって、students → student と訂正。

（2）(b)　playing a piano → **playing the piano**
　　　「彼女はピアノがうまい。うちのクラスの誰よりもピアノがうまくひける」
　　　➡ play の目的語が楽器名の場合には、定冠詞がつく。したがって、a → the と訂正。
　　　　　cf. **play** ＋スポーツ名（無冠詞）…**play baseball, play tennis** など。

（3）(d)　comparing with Dickens → **compared with Dickens'**
　　　「現代の小説家なら誰でも、自分の作品がディケンズの作品と比較されたなら、わくわくするだろう」
　　　➡ have ＋ O ＋ C（分詞）の文だが、目的語である「彼の作品」は「比較される」という受け身の立場にあるので、comparing → compared と訂正。また、比較の対象はディケンズではなく、彼の作品なので、Dickens → Dickens'（＝ Dickens' stories）と訂正。なお、不定詞 to have は、if he had の意味で使われており、仮定法の条件節の働きをしていることに注意。

発展

S ＋ V ＋ O ＋ C 構文をつくる have
O／C の関係が**能動**「O が～する、～の状態だ」
C ＝原形不定詞　　Shall I have him type it?
「彼にそれをタイプさせましょうか？」
C ＝現在分詞　　　We will have a lot of guests coming.
「お客がたくさん来るでしょう」
O／C の関係が**受動**「O が～される」
C ＝過去分詞　　　She had that skirt washed.
「彼女はそのスカートを洗濯してもらった」
He had his son killed in the war.
「彼は息子を戦争でなくした」

※補語に形容詞をとる場合もある。
Let's have everthing ready.
「準備万端整えましょう」

(4) (a)　If I had → **If I had had**
「もっとその小説を読む時間があったなら、もっと面白く思われただろうに」
▶ 主節が仮定法過去完了になっているので、if 節の動詞は had ＋過去分詞の形にすべき。したがって、had → had had と訂正。仮定法過去になっている if 節に合わせて、(c) の部分を would find とすることも形の上では可能だが、意味的に不自然な文になってしまう（既に読んだあとでなければ、自分でその小説が面白いと思うことはできない）。

(5) (b)　were able to → **are（will be）able to**
「その２つの劇を見たあとなら、批評家たちは、どちらがより印象的で人の心を打つか、判断することができるだろう」
▶ After 以下は、時・条件を表す副詞節なので節内の have seen は形は現在完了形だが、未来完了の代用であり、主節が were（過去形）なのはおかしい。ただし、(a) を saw（または had seen）にすると、(c) が現在形になっているのでその部分も訂正が必要になる。したがって、were → are または will be と訂正するのが妥当。

(6) (b)　to finish to read → **to finish reading**
「疲れていたが、彼は翌日報告ができるよう、その本を読み終えてしまわねばならなかった」
▶ finish は目的語として、to- 不定詞ではなく動名詞をとる。to read → reading と訂正。なお、Tired as he was は Though he was tired の意味。

|発展|

as「〜だけれども」の用法（語順に注意！）

☑ **名詞**＋**as**＋**S**＋**V**（名詞は無冠詞がふつう）
　Child as Cathy is, she speaks as if she were an adult.
　「キャシーは子供だが、まるで大人のような口をきく」

☑ **形容詞**＋**as**＋**S**＋**V**（as＋形容詞＋as＋S＋V の形もある）
　Difficult as the book was, it was worth reading.
　「その本は難しかったけれど、読みがいのある本だった」

☑ **副詞**＋**as**＋**S**＋**V**
　Much as I would like to come, I have a lot of things to do tonight.
　「とても行きたいのだけれど、今夜はやることが多くってね」

☑ **動詞原形**＋**as**＋**S**＋**V**（助動詞）
　Try as she did, she could not obtain the information.
　「やってはみたが、彼女はその情報を得られなかった」

☑ **過去分詞**＋**as**＋**S**＋**V**
　Flattered as I was by his attention, I thought he was not my type.
　「彼が関心を持ってくれたことはうれしかったが、タイプじゃないと思った」

（7）(b)　to whomever → **to whoever**

「監督は、責任感が強いと思われる者なら誰にでもその課題を与えるようにと、アドバイスをうけた」

▶ whomever [he believed] had 〜 と、he believed の部分を [ ] に入れて考える。had の主語が必要だから、whomever（= anyone whom）→ whoever（= anyone who）と訂正。

（8）(c)　gave me an advice → **gave me advice**

「僕たちがその問題について議論していた時、友人の 1 人が僕にアドバイスをしてくれたが、そのアドバイスは解決策を見出すのに役立つものだと判明した」

▶ **advice** は不可算名詞なので、不定冠詞 **an** を削除するか、**a piece of advice** とする。

（9）(a)　kind → **kinds**

「あまり教育のない者、教養を得たいと思う気持ちが全くない者、そして富を得るのが唯一の目標である者、そういう人は僕のつきあいたいタイプの人間ではない」

➡ つきあいたくないタイプの人が、①教育のあまりない人②教養を得たいと思わない人③富を得ることだけが目的の人の3種類なので、kind を複数の kinds とする。These についても、関係詞の先行詞となる名詞には Those ～ who... と those で修飾することが多いため、These → Those とした方が自然。

(10) (a)　was approaching to → **was approaching**
「事故が起きたのは、僕が駅に近づいていたときだった。子どもが入線してきた電車に飛び込んではねられたのだ」
➡ **approach は他動詞**なので直接、目的語をとる。よって、to を削除。

24

(1) (b) are → **were**

「1955年における国連加盟国はおよそ40か国だったが、今ではその3倍以上になっている」

➡ 過去を明示する in 1955 という語句があるので、(b) の are は were とすべき。more than three times as many は「3倍以上の数」という意味の倍数表現で正しい。as many now (as in 1955) でカッコ内は明白なので省略されている。

(2) (b) find → **found**

「試しに航空会社に予約電話を入れてみたところ、乗りたいと思っていた便は満席であることがわかった」

➡ 予約の電話を入れたのは過去のことなので、(b) は found と過去形にすべき。飛行機がまだ飛び立っていない時点であれば、that 節の動詞の時制は現在形でよい。that 節の内容が、今現在もあてはまるなら、時制の一致は受けなくてもよい。

(3) (d) themselves → **herself**（または **itself**）

「私が目を通した報告書には、自己防衛の手段が他にない場合以外アメリカは爆弾を使うべきではなかったと、フランス人全体の60パーセントが強く感じていると書かれていた」

➡ 国名は複数形でも she または it でうけるから、(d) は themselves ではなく herself または itself とすべき。

この unless は「～の場合を除いて」という意味。

(4) (b) himself → **oneself**

「人が独力で働かねばならない場合、将来立派な業績が得られることが期待できる」

➡ 一般人称の代名詞 one は普通 one, one's, oneself で受ける。したがって、(b) の himself は oneself と訂正すべき。

(5) (a) Having written → **After Hemingway wrote**

「ヘミングウェイが『老人と海』を書いた後、ノーベル賞選考委員会は彼にノーベル文学賞を授与した」

⇒ 分詞構文 Having written の意味上の主語は、the Nobel Prize Committee ではなく Hemingway なので、Hemingway を主語とする独立分詞構文 (主節の主語と異なる意味上の主語を伴う分詞構文) にしなければならない。が、文語調のため、実際に用いられることは稀。従って after で始まる節に直すのが望ましい。

(6) (b)　with → **in**

「『屋根の上のバイオリン弾き』は、日本だけでなく海外でも人気が高かった」

⇒ popular with の後には〈人〉がくるのが普通。この文では国名がきているので、(b) は in と訂正すべき。なお、be popular with〈少数の人〉、be popular among〈多くの人〉となる。

(7) (b)　suggest for you to → **suggest (that) you (should)**

「体重を減らすために、そんなにたくさんフィッシュ・アンド・チップスを食べないよう、君にはすすめたい」

⇒ suggest の後は to- 不定詞をとらない。suggest (that) you (should) と訂正すべき。(⇒ p.38 発展 参照)

(8) (a)　going → **go**

「日本で英語を学んでから外国に行くのは、早く英語を話せるようになる2つの優れた方法である」

⇒ going は to study の to に接続しているので、go とすべき。

to- 不定詞の共通関係

$$\text{to} \left\{ \begin{array}{l} \text{study} \\ \text{and} \\ \text{go} \end{array} \right.$$

(9) (a)　to → **削除**

「彼女は暗い危ない道を通って1人で帰宅したが、おびえてすらいなかった」

⇒ home は副詞なので to は不要。

(10) (b)　doesn't run → **didn't run**

「そのバスに乗ろうと思えば乗れたのに、彼女は走らなかったので、授業に遅れた」

⇒ 過去の文脈なので、(b) は doesn't ではなく、didn't。

25

(1) ポイント　動詞のあとに **doing** をとれるかどうか

 A. I am playing tennis early in the morning.　**OK**　**am playing** は現在進行形。
「私は早朝テニスをしている」

 B. I dislike playing tennis early in the morning.　**OK**　**dislike** は動名詞を目的語にとる。「私は早朝テニスをするのが嫌いだ」

 C. I enjoyed playing tennis early in the morning.　**OK**　**enjoy** は動名詞を目的語にとる。「私は早朝テニスを楽しんだ」

×**D.**　**hope** は動名詞を目的語にとらないので、ここでは使えない。

 E. I prefer playing tennis early in the morning.　**OK**　**prefer** は動名詞を目的語にとる。「私は早朝テニスをする方が好きだ」

(2) ポイント　頻度の副詞の用法

×**A.**　副詞 **ever** は、**ever since ~**「~以来ずっと」、**as ~ as ever**「相変わらず~」などのイディオムや、最上級・比較級を強調する場合、あるいは **if** 節内などを除いて、肯定文には用いられない。
ex. Tom is the most intelligent person I have **ever** met.
「トムは、僕がこれまでに会った中で最も聡明な人物だ」

 B. I have never visited Hokkaido.　**OK**
「私は北海道を訪れたことは1度もない」

 C. I have often visited Hokkaido.　**OK**
「私はしばしば北海道を訪れたことがある」

 D. I have rarely visited Hokkaido.　**OK**
「私はめったに北海道を訪れたことはない」

 E. I have twice visited Hokkaido.　**OK**
「私は北海道を2度訪れたことがある」
B～E はすべて〈経験〉の現在完了表現として正しい。

(3) ポイント　前置詞の用法.

 A. He worked hard after the summer.　**OK**
「彼はその夏以後、一生懸命働いた」

×**B.**　前置詞 **at** は **the summer** を目的語にとらない。**in the summer** なら正しい。

 C. He worked hard during the summer.　**OK**

「彼はその夏の間一生懸命働いた」
　　D. He worked hard in the summer. **OK**
　　　「彼はその夏、一生懸命働いた」
　　E. He worked hard throughout the summer. **OK**
　　　「彼はその夏中、一生懸命働いた」

（4）　ポイント　目的語に **that** をとれる動詞、とれない動詞
　　A. She feels that she has been badly treated. **OK**
　　　「彼女は自分がひどい扱いを受けていると感じている」
　　B. She knows that she has been badly treated. **OK**
　　　「彼女は自分がひどい扱いを受けているとわかっている」
　×C. **speak** は **that** 節を目的語にとらない（▶ p.8 発展 参照）。
　　D. She thinks that she has been badly treated. **OK**
　　　「彼女は自分がひどい扱いを受けていると思っている」
　　E. She writes that she has been badly treated. **OK**
　　　「彼女は自分がひどい扱いを受けていると書いている」

（5）　ポイント　**SVC** の構文をとれる動詞、とれない動詞
　　A. When I saw her last time, I thought she appeared tired. **OK**
　　　「最後に会った時、彼女は疲れているように見えると思った」
　　B. When I saw her last time, I thought she looked tired. **OK**
　　　「最後に会った時、彼女は疲れているように見えると思った」
　　C. When I saw her last time, I thought she seemed tired. **OK**
　　　「最後に会った時、彼女は疲れているように見えると思った」
　×D. **show** は **SVC** の構文をとらない。
　　E. When I saw her last time, I thought she was tired. **OK**
　　　「最後に会った時、彼女は疲れていると思った」

26

(a) (2) they could not → **they could no** または **they could not any**

「原子力の完全な安全性がもはや信じられないので、技師たちは発電所の仕事をやめることにした」

➡ no longer (= not any longer) で「もはや～ない」

(b) (2) to smoke → **smoking**

「喫煙が肺癌の主要な原因だという証拠が多いので、医者は彼にたばこをやめるようにと勧めている」

➡ 「～するのをやめる」は stop doing ～。stop to do ～のままだと「～するために立ち止まる」「(していることを中断して)～する」の意味になってしまう。(1) が stop と原形であることに関しては p63. (1) 解説参照のこと。

(c) (1) While the Middle Ages → **During the Middle Ages**

「ローマ時代に続く中世のあいだは、迷信が横行していた」

重要 ➡ 接続詞 while のあとには文が続き、前置詞 during のあとには、定冠詞 the、指示形容詞 (this、that など)、所有格代名詞 (my、your など) のついた名詞句が続く。なお、during doing ～という形は誤り **盲点**。

(d) (2) you can turn for help → **to whom you can turn for help**
　　　　　　　　　　　　　　＝ [whom] you can turn to for help

「彼はあなたがどんな面倒なことになっても、いつも助けを求めて頼ることのできる人物ですよ」

➡ 「～を求めて人に頼る」は **turn to** 人 **for** ～だから、a man **to** whom you ～、または a man [whom] you can turn **to** for help にすればよい。

(e) (4) improve their health of human beings → **improve the health of human beings**

「人の健康が増進するように、ますます (いろいろな) 自然食品に多くの関心が寄せられている」

➡ health に their と of human beings という 2 つがかかっている。が、their も実は「人間」を表しているのだから、「人間の」を表す語句が二重に health にかかっていることがわかる。これでは、所有格を表す語句が 1 つ余分である。

▶ food は特に「種類」がいろいろあることを表すときには、foods となる。

(f) (4) ought to free from → **ought to be free from**
「大抵の子供たちには、人生の重荷や責任など全くあってはならないと、どの親も考える一定年数の子供時代がある」
➡ 「～が全くない」は **be free from ～**だから、(4) の to の後に be を補っておく。(3) の which 以下は which [every parent feels] ought to be ～と、[　]でくくってみるとわかりやすい。この部分は連鎖関係詞節になっており正誤問題以外の文法問題でも 頻出 。

(g) (3) to which words → **to whose words**
「以前は教師はたぐいまれな知識や英知を持つ人物であるべきだと期待されていて、人はその言葉を注意して聞いた方がよかった」
➡ 「先生の言葉」は the teacher's words だから、それを a teacher を先行詞として関係詞を用いて書いてみると、whose words となり、(3) の which が間違っていることがわかる。

(h) (3) differ from those → **different from those**
「自分が慣れているものとは異なる全ての風習や習慣を、恐怖や嫌悪を持って眺めるのは、おそらく自然な人間の衝動であろう」
➡ differ は動詞の原形なので、この位置で用いることはできない。そこで形容詞の different にして、different ～ to までを manners and customs を修飾する後置の形容詞句にするべき。なお、those (= the manners and customs) は、関係詞節 we are used to の先行詞。目的格の関係代名詞は省略されている。

27

（a）(1) these of other animals → **those of other animals**
「人間の脳と他の動物の脳の違いは、人間の脳が習得することのできる、より専門化された活動が多様だということである」
➡ 〈**the ＋前出の名詞**〉をうける指示代名詞の複数形は、these ではなく **those**（この those は the brains を指す）（▶ p.76 発展 参照）。なお、activities と it の間には目的格の関係代名詞が省略されており、it は the human brain をうけている。

（b）(3) have been put forward → **has been put forward**
「コンピュータがいつの日か人間の知的活動に匹敵する、あるいはそれをしのぐようになるという意見は、コンピュータが発明されて以来、繰り返し出されてきた」
➡ この文の主語の核となっているのは、the idea という単数名詞なので、動詞もそれに一致させ、has been としなければならない。the idea とそれに続く that 節（the computer ～ human beings まで）は、同格関係になっている。
▶ put forward「（考え・案など）を提出する」

（c）(4) graduated college → **graduated from college**
「ミラー一家は、フランクが大学を卒業した直後、サンフランシスコの現在の家に引っ越してきた」
➡ 「～を卒業した」という意味ならば、**graduated from ～** としなければならない。なお、after 節内は Frank had graduated と過去完了を用いるべきだが、after で結ぶことによって時間関係は明らかなため、過去でもよい。
▶ right after の right は副詞で、「すぐに、ただちに」の意を添える。

（d）(3) having not a ～ → **not having a ～**
「大学教育を受けていないことは大きなハンディだと考えている人が多いことが、最近の諸調査によって明らかになった」
➡ 動名詞を否定する **not** は、その動名詞の直前に置く。よって、not having の語順に訂正すべき。

（e）(3) to worry about → **to worrying about**
　「君が心配しているのに費やす時間やエネルギーの半分を問題解決に当てたなら、何の心配もなくなるだろうに」

⇨ **倍数比較 half as 〜 as ...**（…の半分の〜）の構文。**devote A to B**（B＝名詞・動名詞）は「**A を B に捧げる（当てる）**」の意。2 の do は devote の代動詞だから、前置詞 to のあとは solving と同じく動名詞がくる。したがって worry ではなく、worrying とするのが正しい。なお、If you devoted 〜 では仮定法過去が、as you do では直説法が使われている点も注意。

The idea that the computer will someday match or exceed the intellectual abilities of human beings has been put forward repeatedly ever since the computer was invented.

28

問題 p.45

【解答】 （イ）、（ヘ）、（チ）、（リ）、（ル）

○ （イ）「ケンが家から締め出されたことに気づいた時、彼は試しにドアをノックした」 **OK**

× （ロ） tried hijacking → **tried to hijack**
「銀行強盗は、飛行機をハイジャックしてキューバに向かおうとしたが、保安ゲートで捕まえられた」
➡ tried doing は「試しにやってみた（試みは実際になされた）」という意味を表すので、tried hijacking では hijack 行為が未遂に終わったことを示す but 以下の文の内容と矛盾する。したがって、ここでは試みが失敗に終わった場合でも使える **try to- 不定詞**「～しようとする」を用いるべき。**try to- 不定詞**と **try doing** の意味の違い（▶ p.23 発展 参照）。

× （ハ） searching the young boy → **searching for the young boy**
「12人の警官が、先週の木曜日から行方不明になっている少年を捜索している」
➡ **search +〈人〉**では「〈人〉の身体検査をする」という意味になってしまうので、ここでは **search for〈人〉**「〈人〉の行方を捜索する」を用いるべき。search の用法（▶ p.58 発展 参照）。

× （ニ） searched for me → **searched me**
「税関の係官たちは僕が麻薬を所持していると思い、とても念入りに僕の身体検査をした」
➡ （ハ）と同じく、search の用法がポイント。この文の場合は逆に、「〈人〉の身体検査をする」という意味にすべきなので for は不要。

× （ホ） suggest to go → **suggest going** または **suggest that you (should) go**
「『バスで行かれることをお勧めします』と、旅行代理店の者はマイクに言った」
➡ **suggest to- 不定詞**は誤り。**suggest doing** とするか、**suggest that S (should) 原形動詞**の形を用いるのが正しい。suggest の用法（▶ p.38 発展 参照）。

○（ヘ）「とても暑かったので、先生は庭で授業をしようと提案した」 **OK**

× （ト） wounded → **injured**
「その飛行機の墜落では誰も死ななかったが、多数の人々が負傷した」
➡ wound は戦争や闘いによる人為的な負傷の場合に使うので、injured に訂正する。

○（チ）「当局はその武装した強盗を逮捕したが、もみ合う内に3人の警官が負傷した」 **OK**

○（リ）「先生が来るといけないから、僕たちのタバコを隠そう」 **OK**
▶ (just) in case「(万一) 〜するといけないから」

× （ヌ） Even in case → **Even if**
「たとえ彼がお金持ちになったとしても、彼と結婚するつもりはありません」
➡ この場合は、意味的に考えて〈譲歩〉の even if「たとえ〜としても」を用いるべき。

○（ル）「その新しい絨毯と居間の壁の色は合わない」 **OK**
➡ この文中の match は自動詞で「〈ある物の色や柄など〉が〈別の物〉と調和する」という意味。

× （ヲ） suits → **matches**
➡ 「〈物〉と〈物〉が調和する、似合う」には match を用いる。この match は他動詞。

発展

動詞 match / go with / suit / fit / become の使い分け

☑ **match** 「〈ある物の色や柄など〉が〈別の物〉と調和する」という意味。
　　　　目的語に〈人〉はとれない。
　ex. These cushions **match** this room very well.
　　　「これらのクッションはこの部屋によく合っている」
　　× A fur coat doesn't match Alice.
　　　　　　　　× ➡ **suit** または **become**
　　　「毛皮のコートは、アリスには似合わない」

☑ **go with** ほぼ match に準じて用いられる。
　ex. White wine **goes** well **with** Japanese dishes.
　　　「白ワインは日本料理によく合う」
　　Jim's hat doesn't **go with** his suit.
　　　　　　　　　　　　ここで Jim を目的語にすることはできない
　　　「ジムの帽子はスーツに合ってない」

☑ **suit** 「～に似合う」の意味では become より口語的。「サイズや型が合う」
　　　　という場合には使えない。目的語には〈人〉・〈物〉どちらも OK。
　ex. The name Violet **suits** that elegant cat.
　　　「バイオレットという名は、あの優雅なネコにぴったりだ」

☑ **fit** 「(サイズ・型) が～にぴったり合う、一致する」
　ex. Tom's new coat doesn't **fit** him.
　　　「トムの新しいコートはサイズが合っていない」
　　▶ **fit** one's actions **to** one's words 「言行を一致させる」

☑ **become** 「〈衣服の色や柄・髪型など〉が〈人〉に似合う」
　ex. That eccentric black dress **becomes** Meg very well.
　　　「あの奇抜な黒いドレスは、メグにとてもよく似合っている」
　　　比較 [通例, 否定文で]「言動などが〈人〉にふさわしい」
　　It ill **becomes** [It doesn't **become**] you to get drunk in public.
　　「人前で酔っ払うなんて、君らしくないよ」

29

（1） that (those を that に訂正)

「ある国の経済と別の国の経済とを比較する、多くの異なる方法がある」

➡ この文は compare A with B「A と B とを比較する」の構文で、A ＝ the economy of one nation だから比較の対象となる B は the economy of another。したがって、〈**the ＋複数名詞**〉の代用をする代名詞 those を〈**the ＋単数名詞**〉の代用をする代名詞 that に訂正。

（2） more (many を more に訂正)

「地球儀と地図は、歴史を通じてつねに重要であり続けてきたが、今日ほど重要だったことはない」

➡ but 以下が比較級を用いた最上級表現「～ほど…なことはない」になっていることを見抜く。but 以下の文の省略部分を補うと、but (they have) never (been) more so than today となる。この so は important の代用。

（3） his (him を his に訂正)

「観察と経験から学ぶベンジャミン・フランクリンの能力は、公的な生活における彼の成功に大いに寄与した」

➡ contribute to A「A に寄与する、貢献する」の表現の A にあたる語(句)が、him success ではおかしい。目的格の him を所有格の his に訂正すべき。

（4） Fertile (Fertilize を Fertile に訂正)

「肥沃な農地は、アメリカ合衆国最大の天然資源の1つである」

➡ fertilize は「〈土地〉に肥料をやる」という意味の他動詞なので、形容詞 fertile に訂正する。fertile は「肥沃な」。

30

（1）**(b)**　S〈人〉＋ be related to〈人〉「人が…と親戚[同家族]だ」
cf. S〈事柄〉＋ be related to〈事柄〉「事柄が…に関係[関連]がある」

➡ (a) relationship は relationship to〈人〉で「…との[親戚]関係」を表す。
ex. Meg's relationship to Jeff is that she is his niece.「メグとジェフは、姪と叔父という関係だ」
(c) relative to〈人〉という表現はない。また、relative は可算名詞なので、無冠詞なのもおかしい。cf. one of your relatives「あなたの親戚の1人」
(d) be with relation to〈人〉という表現はない。

（2）**(c)**　suffer O「〈損害など〉をこうむる、〈苦痛など〉を経験する」

➡ (a) pain が他動詞の場合は、pain ＋〈人〉で「人に痛みを与える、人を苦しめる」（文語）という意味になる。
(b) hurt O は「…を傷つける、…の感情を害する」
(d) put up with O なら「〈人・言動など〉を我慢する」だが、put up losses では意味をなさない。

（3）**(d)**　take care of O「…の世話をする、面倒を見る」

➡ (a) care for O は「…を気にする、…に関心がある」という意味（普通、否定文や疑問文で用いる）。care for the house は「その家に関心がある」という意味。
(b) look in は「ちょっと見る、訪ねる」という意味。
ex. I promised to look in on Dad at his office.「私は会社にいる父を訪ねる約束をした」
(c) look the house after という語順はおかしい。look after the house なら可。

（4）**(b)**　get on well with〈人〉「人とうまくつきあう」

➡ (a) be on good terms with〈人〉なら「人といい関係である」という意味。
(c) get society with〈人〉という表現はない。
(d) a social butterfly には「あちこち飛び回る社交好きな女性」という意味があるが、無冠詞で用いられることはないし、be a social butterfly with〈人〉とも言わない。

（5）**(d)**　put up with O「…に我慢する」
　　(a) tolerant は形容詞。be tolerant of [toward, to] O で「…に対して寛大だ、…を許容する」となる。
　　(b) 他動詞なら approve ＋ O で「…を是認する」、自動詞なら approve of O で「…に賛成する、認める」だが、approve to O という表現はない。
　　(c) agree on O は「…の点で意見が一致する」
　　　　ex. We agreed on this point.「私達はこの点で意見が一致した」

31

（1）**(c)**　be worth ＋名詞・動名詞　「～(するだけ)の価値がある」
- (a)/(d) It を用いて「～する価値がある」を表す場合は、It is worth while doing[to do] ～が普通だが、口語では It is worth doing ～を用いることもある。(a)/(d) は It is not worth [while] repairing the car. または、It is not worth while to repair the car. とすべき。
- (b) worth は目的語なしで用いることはできない。

（2）**(d)**　propose that S (should) do　「～すべきだと提案する」
- (a) propose〈人〉to do は不可。
- (b) propose が動名詞を目的語にとる場合は、propose (O's [O]) doing になる。動名詞の主語は所有格または目的格。(b) は I proposed her coming with me. なら可。
- (c) propose が that 節を目的語にする場合、節内は S (should) do となり、will は用いない。

（3）**(a)**　be to- 不定詞は〈可能〉を表すことができる。副詞 nowhere は「どこにも～ない」という意味。S was nowhere to be found. で「S はどこにも見あたらなかった」
- (b) 否定の副詞が文頭に出ると倒置が起こるので、Nowhere was the dog to be found. とすべき。
- (c) not there を nowhere にすべき。
- (d) これでは、「その犬が見つかる場所が１つもなかった」という意味になる。

（4）**(d)**　I would rather do...　「…したい」 would rather は助動詞なので、直後には動詞（原形）が来る。
- (a) would rather to do は不可。
- (b) cf. would rather do ... than do ～なら「～するよりむしろ…したい」
- (c) would rather doing は不可。

(5) **(c)**　have too little experience「あまりに経験が乏しい」
　　➡ (a)「O に欠ける」は lack O または、be lacking in O で表す。lack of O は不可。
　　　(b) be insufficient in O は「O が不十分だ、O 不足だ」だが、人を主語にしない。
　　　(d) much は数量形容詞だから、〜 she does not have so much experience となる。

(6) **(a)**　as well as 〜「〜と同様に、〜だけでなく」は、前置詞句として働くので、名詞や動名詞が続く。
　　➡ (b)/(c) は、as well as ＋名詞・動名詞になっていないので不可。
　　　(d) as well as 〜 が文頭に出ても倒置は起こらないし、as well as に節が続いている点もおかしい。

(7) **(b)**　the moment (that) で「〜するやいなや」という意味の接続詞になる。
　　➡ (a)/(c)/(d)　the moment which [when / of doing]... という接続詞はない。

(8) **(d)**　What's the matter with you? ＝「君、どうかしたの」　本文は「今朝、何かあったのか」という意味で過去時制になっている。
　　➡ (a) it が不要。
　　　(b) 文意は「何が今朝君にとって重要だったか」。matter は自動詞で「重要だ」
　　　(c)/(b) と同じ意味の文にするなら、What mattered to you 〜？ とすべき。

(9) **(d)**　remain a secret「秘密のままだ」　remain ＋ C「〜のままだ」の場合、C には名詞、形容詞、分詞、副詞、前置詞句などが来る。
　　➡ (a) as が不要。
　　　(b) being が不要。
　　　(c) to be が不要。

(10) **(b)**　No matter when you come「あなたがたとえいつ来ても」これは〈譲歩〉を含む〈時〉の副詞節なので、未来は現在時制で表す。will は用いない。
　　➡ (a) will が不要。
　　　(c) when の中が倒置になっているのがおかしい。
　　　(d) when to come は「いつ来るべきか」という名詞句で、ここでは意味をなさない。

32

(イ) **(3)　their → its**

「ジョンソンとボズウェルの友情がピークに達したのは、1770年代のことであった」

➡ It was ~ that ... の強調構文。highest point に達したのは、友情 (the friendship) であって、Johnson と Boswell の 2 人ではない。従って、この their はおかしい。the friendship を受ける its にする。

(ロ) **(3)　to → 削除**

「私が助言や慰めを求めて頼りにできる人は、みなさんの中には 1 人もいないのでしょうか」

➡ **turn to 人 for ~**「~のことで[~を求めて]人に頼る」to whom とあるのに、(3) に余分な to が入っている。この to は不要。

(ハ) **(1)　less → fewer**

「ミスが少ないほど、生き残っていける可能性は増大する」

{ 「数がより少ない」は **fewer ＋複数名詞**が原則。less → fewer とする。
「量がより少ない」は **less ＋不可算名詞**。

➡ ただし、口語では less ＋複数名詞もあるので、解答としては (5) も可能だが、やはり、ここは原則にのっとった方が良いだろう。the greater ~は、主語が長いので VS の倒置になっている。

(ニ) **(4)　that → those**

「国にいたときに私がいだいていた考えは、今いだいている考えと同じだ」

➡ the ideas I had と the ideas I have を比較している文だから、that → those。比較する対象は同じ形にそろえる。

(ホ) **(4)　organizing → to organize**

「もうけたくて、重役達は自分たちの会社を能率的に組織し運営する気になる」

➡ 「(人に) ~する動機を与える」**motivate ＋人＋ to do ~**

(ヘ) **(5)**「太陽系の中で最大の惑星はジュピター（木星）である」すべて **OK**

cf. of all the planets から明らかなので、biggest の後の planet は省略できる。

This is the most difficult (problem) of all the problems.
「これがすべての問題の中で一番難しい」

(ト) (3)　industry → **industries**
　　　「造船はアメリカの植民地で最初に始められた産業の１つだった」
　　重要 ➡ **one of ＋複数名詞**「〜の１つ」だから、industry → industries。

(チ) (1)　All together → **Altogether,**
　　　「過去２年間に報告された癌の患者は全部で10人だった」
　➡「全部で」を表す副詞は altogether。１の All together → Altogether, とする。
　　▶ case は「(病気の) 症例・患者」

(リ) (1)　lived → **have lived**
　　　「この近辺に住んで10年以上になる。今、引っ越す気はない」
　➡ 10年以上そこに住み、今もそこにいるのだから、過去形ではなく現在完了形を用いて現在までその状態が継続していることを表す 頻出 。

(ヌ) (1)　While asleep → **While I was asleep**
　　　「電車で眠っている間に、泥棒に金をすられた」
　➡ While I was asleep in the train, a thief picked my pocket. と表すべきで、**主節と従属節の主語が異なっているので、I was を省略することはできない。**
　　重要 「主節と同一の主語＋ be 動詞」は省略してもよい。
　　ex. While [I was] in New York, I would eat at that restaurant.
　　　　　「ニューヨークにいたとき、私はよくその店で食事をした」
　　　ただし、従属節の主語が①文脈から明白な場合、② you など一般的な人の場合、主節の主語と同一でなくても省略できる場合がある 盲点 。
　　　　ex. Please stay with us while [it is] snowing.
　　　　　　「雪が降っている間は、私たちと一緒にいて下さい」

33

（ a ）(5)　until tomorrow → **by tomorrow**
「我々の指導教官は、レポートを明日までに完全に仕上げなければならないと我々に言った」
➡ **until ～「～までずっと」と by ～「までには」の違いを問う問題 頻出**。「明日までに」であるから、by tomorrow とすべきである。

（ b ）(5)　no any letters for me → **no letters for me**
「今日の午後学校に来る前に郵便局に寄ったが、私の手紙は1通もなかった」
➡ not ＋ any ＋ 単数名詞＝ no ＋ 単数名詞（または複数名詞）。ここは there were に続くので no any letters の箇所は no letters とすべき。

（ c ）(2)　whom was responsible → **who was responsible**
「昨日起きた事故が誰の責任であるかを君が知っていると私は思う」
➡ whom was responsible の whom を who にして、was responsible の主語にする。

（ d ）(3)　that the river rose → **that the river had risen**
「翌朝起きてみると、夜の間に川はもう1フィート増水しており、渡るのは不可能になっているのがわかった」
➡ (2) discovered（過去形）よりも、以前に、つまり「夜間に増水していた」のだから、rose でなく had risen にしないと時間関係がおかしい。(5) の部分は分詞構文。

（ e ）(4)　in the next day → **in a day**
「新入生のうち数人が週末に到着し、残りは一両日中に来ると思われる」
➡ in the next day or two ではなく in a day or two で「一両日中に」を表す。
▶ the rest「残りの人たち」が複数扱いであることにも注意しておく。

（ f ）(1)　His uncle is owning → **His uncle owns**
「彼の叔父さんは10軒もの家を所有しており、その全てはとても高い賃貸料で貸されている」
➡ **own は進行形にならない動詞**なので、is owning を owns にする（➡ p.10 発展）

▶ **no fewer than ~**「~も」(数の多さを強調)
　　　let ~「~を貸す」(let の意外な意味)

(g) (5)　expected help for Dad and me → **expected help <u>of</u> Dad and me**
　　「母が長年にわたって用意してくれた家庭でのたくさんの夕食のことを振り返ってみると、どうして母は父や私に助けを求めなかったのか不思議に思う」
　　➡ **expect ~ of [from]**〈人〉「〈人〉に~を期待する」は 頻出 。ここで使われている for は間違い。

(h) (1)　Without never asking → **Without asking**
　　「許可も求めず、カレンは立ち上がって教室から歩いて出ていった」
　　➡ without doing ~「~することなく」であるから、never が不要。

(i) (4)　he uses to get up → **he is used to getting up**
　　「今では長距離通勤しなければならないので、彼は早くも5時に起床することに慣れた」
　　➡「~することに慣れている」は **be used to doing ~** だから、he is used to getting up にする。
　　　▶ **as early as ~** はそれが「早いこと」を強調するイディオム。

(j) (5)　to the police → **the police**
　　「警察に通報することが、ものを盗まれた時に人にできる数少ないことの1つである」
　　➡ a person にできることであるから、(3) も they でなく he / she など単数でうけるべきだが、最近では性差別を考慮して一括して they でうけることが多い。「警察に通報する」の部分を call the police と訂正すべき。

34

問題 p.53

（1）(e) 「ある程度状況に慣れ、目新しさがうすれると、我々の怠け癖や身勝手さがふたたび現われ始める」

➡ (a) の **once** は接続詞で、「いったん（〜すれば）」の意。(b) の somewhat は「いくぶん、多少」という意味の副詞。wear out は「徐々に尽きる」。

（2）(b)　as far as → **as long as**

「王女が姿を現した時にひと目見られさえすれば、午後ずっとここに立ちっぱなしでいなければならなくてもかまわない」

➡ **as far as** は、距離の限界や程度の範囲を表す。よってここでは、**条件**を表す **as long as**「〜でありさえすれば」を用いる。

▶ (c) の get to see は「見ることができる」。get to do 〜はアメリカ英語で「〜できる、どうにか〜する」。

発展

as far as と as long as の違い

☐ **as far as**
　├〈前置詞句として〉……（＋場所）「〜まで」
　└〈接続詞として〉
　　　⑴「〜と同じくらい（遠く）まで」
　　　⑵「（距離・範囲）〜の及ぶ限りでは」
　ex. **as far as** the eye can see [reach] 「見わたす限り」
　　　as far as I am concerned 「私に関する限りは」

☐ **as long as**
　├〈前置詞句として〉
　│　（＋時間の長さを表す語句）「〜もの（長い）あいだ」
　└〈接続詞として〉
　　　⑴[時間]「〜する限り（あいだ）は」（＝ while）
　　　⑵[条件]「〜さえすれば」（＝ if only, provided）
　ex. You can go out **as long as** you are back before noon.
　　　「正午までに戻って来さえすれば、外出してもよい」

（3）(a)　he → **it**

「『西方の人』の著者は芥川龍之介ですか、それとも太宰治ですか」

➡ 強調構文の疑問形。〈人〉を強調する強調構文の場合 It is［または was］〜 that［または who］... の it の代わりに he を用いることはない。

（4）(d) each →削除
「最近、物理の実験室に備え付けられた新しい設備は、（1台につき）1千万円以上かかった」
➡ 「それぞれ1個につき」という意味の副詞 **each** には**複数名詞**が先行する。「1台につき」という意味を出したい場合は、**per unit** にする。
　　ex. They sell these flowers, 70¢ each.
　　　「これらの花は1本70セントで売られている」
equipment(設備)は**不可算名詞なので each は使えない。**

発展

recently、lately、just、just now の用法

☑**recently** ― 通常、**現在完了・過去・過去完了時制の文で用い、現在時制の文には用いない** 頻出
　Recently John is working at night.
　(✕→ **Nowadays** または **These days** を用いる)
　「最近、ジョンは夜勤をしている」

☑**lately** ― 通常、現在完了または過去時制の文で用いる。
　I **lately** saw Nancy.
　「僕は最近ナンシーに会った」
　➡ **of late**「近ごろ」も lately 同様、**副詞的に用いる。**

☑**just** ―― 「たった今、〜したばかり」の意味では現在完了、または過去形とともに用い、be 動詞の後、一般動詞の前におく。
　Henry has **just** left the office.
　「ヘンリーは今しがた会社を出たばかりだ」

☑**just now** ― ❶「今さっき」の意味では過去形とともに用い、現在完了とは用いない。 頻出
　　　　　　　　× Tom has arrived just now.
　　　　　　　　↳ ○ Tom arrived **just now**. (または Tom has **just** arrived.)
　　　　　　　　「トムは今さっき着いたばかりだ」
　　　　　　　❷「ちょうど今」の意味では現在形または現在進行形とともに用いる。
　　　　　　　　James is very busy **just now**.
　　　　　　　　「ジェームズはちょうど今とても忙しい」

（5）(e) 「その奨学金は、誰でも資格試験で最高点を取った者に授与されるべきだ」
➡ (c) の whoever を whomever の誤りと考えるミスが多い。関係代名詞の格は、それに続く関係詞節の中で主語の働きをしているか目的語となっているかなどによって決める 頻出 。cf. 補語になっている場合は主格を選ぶ。

（6）(b) Going to → **going to**
「『私、彼の言ったことをあなたに教えたりして、彼の信頼を裏切るつもりはないわ』と、彼女は断固とした口調で言った」
➡ she said emphatically が、"I am not going to ～ what he said." という引用文の中に挿入された形。したがって、Going は not に続くよう、小文字で始めるべき。

（7）(e) 「その芸術家は、絵が上下逆さにかかっているのをみて唖然とした。そして、そのミスに誰も気づかなかったので当惑した」
to ～ 's（所有格）＋感情を表す名詞で「～が…と感じることに」を表すイディオム。
➡ ちなみに hang は意味によって過去形・過去分詞が異なる。be hung は「（絵などが）展示されている」だが、be hanged は「（人が）絞首刑にされる」という意味になるので注意。

（8）(c) Maria's golden hairs → **Maria's golden hair**
「子を溺愛する母親は、静かにハミングしながら、小さなマリアの金髪をやさしく指で撫で、膝で眠っているその子をじっと見つめていた」
➡ **hair** が特に「1本の」「～本」を意識しないで集合的に「髪」を表す場合は、**不可算名詞**として扱い、複数形にしない。fond mother の fond は「（人・行為が）やさしい、甘い」という意味の形容詞。

（9）(b) beside → **besides**
「我々には、その制度の改善のために、これら以外にも多くの提案がある」
➡ **beside** は「～のそばに」の意味。よって、ここでは **besides**「～の他に」と訂正すべき。単純だが間違えやすいところなので要注意。

（10）(d) one →削除
「奇妙に思われるかもしれないが、うちの祖母は、兄と同じ種類のワープロを持っている」

➡ 前出の名詞をうける one は、所有格または own の直後には用いず、所有代名詞または所有格だけでうけるので、この one は不要。ただし、間に修飾語が入れば OK。

   ex.　I bought this personal computer three years ago, but it's better than **Jim's new one**.（Jim's の後に形容詞があるので、one は必要。）
　　　「僕はこのパソコンを 3 年前に買ったけれど、ジムの新しいパソコンよりいいよ」

35

問題 p.54

> ジャーナリスティックな時事英語の文章が素材となっており、通常の受験英語ではカバーしきれない単語や語句がかなり多い。ただし、各文に含まれている誤りは基本的な文法上のミスなので、うわべの難しさに惑わされないことが大切である。

(1) **(d)** what → **while**

「その会談が日本にとって不利な結果に終わることさえあるのではないかと恐れて、悲観的になっている人もいれば、彼の来訪が実現するかどうかさえ疑わしく思っている人もいる」

➡ (d)の what は文の中で何の働きもしておらず、無意味に使われている。文の構造から考えて、(d)のところには接続詞がくるはず。よって、what → while 「一方～」（対比を表す）と訂正。

▶ be doubtful that 「～を疑っている」、materialize は「実現する」の意。

(2) **(a)** On → **Of**

「アメリカ訪問の前に、彼が消費税問題に関する見解を大きく変えるかどうかが、極めて重要だ」

➡ この文全体が、C + V + S の倒置構造になっていることに注意。〈of ＋抽象名詞〉は形容詞として機能することから、(a)の On を Of に訂正すべき。of vital importance「きわめて重要な」。

▶ (d)の **stand** は「**立場・見解**」という意味の名詞。

(3) **(b)** steady → **steadily**

「彼はまだ対決姿勢をとり続けているが、来たるべきアメリカ訪問が彼にとっては最後のものとなる可能性が、着実に強まってきている」

➡ is growing は現在進行形なので、be 動詞 is と現在分詞 growing の間に形容詞が入ることはあり得ない。したがって、steady を「着実に」という意味の副詞 steadily と訂正。the probability は that his ～ his last までの節と同格の関係。

(4) **(e)**「権力の座にとどまって税制を改革したいという欲求にとりつかれた彼は、消費税をめぐる議論を継続することによって、みずからの政権を維持する何らか

の方策を探っている」
- ▶ be in power「権力を握っている、権力の座にある」
  keep ～ in business「～を営業し続ける、～の業務を続けていく」

（5）(d)　forcing crisis → **forcing a crisis**
「円高とアメリカの報復措置によって、日本の諸産業は否応なしに危機的状況に追いこまれつつある」
➡ crisis は可算名詞なので、不定冠詞 a をつける必要がある。

（6）(e)　「ドルに対する円の急騰と、半導体問題に関してワシントン側がとった報復措置によって象徴される日米間の経済摩擦の激化が、彼にとっては事態をさらに悪化させている」
➡ 文全体が倒置になっていることに注意。通常の形に直せば、The drastic appreciation ～ and the intensification of economic friction ～ are making matters even worse for him. となる。

（7）(c)　seem → **seems**
「しかしながら、自民党内の空気はここ 2、3 か月の間に激変し、この計画が実現する可能性すらほとんどないように思われる」
➡ 後半の there 構文の主語は little chance。よって、述語動詞 seem には三単現の -s をつける必要がある 頻出。
　次の例文で確認しよう。there 構文の場合、to be が省略される場合もあるので要注意。
　　┌ There **seems** (to be) a girl in the kitchen.
　　│　「台所には少女が 1 人いるようだ」
　　│　［＝ It seems (that) there is a girl in the kitchen.］
　　└ There **seem** (to be) several girls in the kitchen.
　　　　「台所には、少女が数人いるようだ」
　　　　［＝ It seems (that) there are several girls in the kitchen.］

（8）(d)　his → **its**
「こうした状況にもかかわらず、消費税の実施を延期するか、その内容を改善することによって、消費税法案の成立を確保しようとする彼の決意はいまだに固い」
➡ 改正するのは the sales tax の内容なので、(d)の his は its と訂正すべき。

(9) (c) has striving → **has been striving / is striving**

「アジアの近隣諸国の中で最も日本に近い国、大韓民国は、民主化の動きを促進する努力を続けてきた」

➡ (c)の has striving という動詞の用法は正しくない。has been striving または is striving と訂正すべき。has strived の形にすると、その努力がすでに完了し、今後は行われないというニュアンスが出る。

(10) (d) remain on doubt → **remain in doubt**

「たとえ予算案が衆議院を強引に通過し、可決されたとしても、消費税の将来はまだはっきりしないだろう」

➡ (d)の on doubt は in doubt「不確かな、(人が) 疑っている」とするのが正しい。(b)の railroad は「(議案など) を大急ぎで［強引に］(議会を) 通過させる」という意味の動詞。

36

問題 p.56

（1）(a) have risen → **has risen**

「過去20年間に食料品の価格が急激に上昇したので、貧しい家庭では必要なだけの食料が買えることはほとんどない」

主語の The cost of groceries の中核となっている名詞は cost なので、単数扱い。したがって、(a) の have risen は、has risen と訂正すべき。

（2）(b) enough fortunate → **fortunate enough**

「幸運にも歴史のある家を所有している一家は、それを修復するための資金を得ることができるかもしれない」

➡ 副詞 enough「～に十分な、十分に」が形容詞・副詞を修飾する場合には、その直後に置かれる。... enough to do ～「～するほど…」。よって、(b) の enough fortunate は fortunate enough の語順にする。

（3）(d) amount → **number**

「日本国政府は、その飛行機事故で多くの死者がでたことに対し、憂慮の念を表明した」

➡ **amount** は量や金額・総計などを示す語で、**amount of** の後には、必ず不可算名詞がくる。people は可算名詞なので、「多くの人々」の意味を表したい場合は、a large number of people とする。

発展

amount と number の使い分け

☐ a / the　large / small **amount** of ＋不可算名詞
☐ a / the　large / small **number** of ＋可算名詞（必ず複数形）

（4）(b) has → **is**

「この町で最も高い超高層ビル、パシフィック・トレード・センターは、かつての最高記録保持者であったグリーン・ステート・ビルよりも8階高い」

➡ 文脈から、eight floors は taller を修飾する副詞句と考えられる。よって、(b) の has は is に訂正すべき。

cf. Jeff is two inches taller than Ted.
「ジェフはテッドより2インチ背が高い」

（5） **(a)** The most → **More**

「第二次世界大戦では、建国以来他のどんな戦争にもまして多くのアメリカ人が死んだ」

➡ 文中に than が含まれているところから、比較級の構文にならなくてはならない。したがって、(a) の The most という最上級を More と訂正すべき。

（6） **(a)** Leave → **Let**

「『我々は今困難な状況にあるという事実に目を向けようではないか』と、我々の上司は叫んだ」

➡ 意味から考えて、(a) の Leave は Let と訂正すべき。**"leave ＋人・動物＋ to-不定詞"** の可能性も考えられるが、「(人・動物) に〜させておく」という意味になって、文脈に合わない。Let us do 〜 (=Let's do 〜) で「〜しよう」。

"Let us face the fact that we're now in trouble !" shouted our boss.

37

（1）（ハ）　excite the imagination → **to excite the imagination**
「その手品師は、帽子からウサギを取り出して、観衆の中の子どもたちの想像力を刺激するべく、できる限りのことをやってのけた」
→ 文脈から考えて、excite はその前の助動詞 could とは結びついていない。all のあとには目的格の関係代名詞（that）が省略されており、この部分の文の構造は次のようになっている。

The magician did　all　(she could)

また、could の後の do は、前出の did との反復をさけるため、省略されている。したがって、could のあとの excite は to excite と訂正すべき（「目的」を表す副詞用法の to- 不定詞）。By pulling ～の by は「手段・方法」を表す。**pull A from [out of] B** は「**B から A を引き出す**」の意。

（2）（ロ）　but which → **but it** または **, which**
「サムはエレガントな車の方が気に入っているが、それはあまりにも高すぎる」
→ 接続詞 but に続く文の主語として、関係代名詞を用いることはできない。よって、この which は it に訂正するか、but を取って、, which とする（非制限用法）。
　（イ）の「**the ＋比較級**」は、二者の間の程度の比較を表す。
　　ex. Jane is **the shorter of the two**.
　　「2 人のうち背の低い方がジェーンだ」
　（ハ）の much は副詞で、後続の副詞 too を強調して、「あまりにも～」という意味を表しており、正しい表現。また、costly は一見、副詞にみえるが、「高価な」という意味の形容詞（▶ p.27 発展 参照）。

（3）（ハ）　out the bank → **out of the bank**
「彼女は銀行からもっとたくさんお金を引き出していたなら、そのスーツケースが買えたのに」
→ 「A を B から引き出す」という意味を表すには、take A out of [from] B の形を使う。よって（ハ）の out と the の間に of を補う。「預金を引き出す」という意味で使える動詞は、take の他に draw、withdraw も OK。

（**4**）（ニ） Mary is → **is Mary**

「ジョンは近いうちに旅行に行こうと思っており、メアリーも同じことを考えている」

⮕ 肯定文をうけて、「…もまた～だ」という意味を表す場合、**so** の後は**倒置**がおこる。so ＋ V ＋ S の語順が正しい。したがって、(ニ) は is Mary と訂正すべき。

否定文をうけて、「…もまた～ない」という意味を表す場合も同様に倒置がおこり、**neither**（または **nor**）＋ V ＋ S となる。

$$\begin{cases} \text{so ＋ V ＋ S「…もまた～だ」} \\ \text{so ＋ S ＋ V「…はまさに～だ」} \end{cases}$$

ex. "I think Nancy is very kind." "So she is."

「ナンシーってとても親切だと思うわ」「本当にそうね」

▶ think は I think that ～「私は～だと思う」のように普通は進行形にしない動詞であるが、一時的に「～のことを考えている、～しようと思っている」を表す場合は進行形を用いる。

ex. I am thinking of going to Shinjuku this evening.

「今夜、新宿にいくつもりだ」

▶ go on a trip (to ～) = take a trip (to ～)「(～へ) 旅行する」

38

(1) **b.**

➡ sit in ~「(物が) 使われずに~に置いてある」
　fortnight ＝ two weeks
　a.　この文は、人が主語ではないので他動詞 lay「(物)を(…に)置く」が誤り。
　c.　place は他動詞だから、この It has placed という形のままでは意味をなさない。しかし、It has been placed「それが(今)置かれた」と受動態にしてみても、継続状態は表せないから、ここでは使えない。
　d.　put は他動詞だから、be put と受動態になっている点はよい。しかし、It has been put では継続状態を表すことはできないので、ここでは使えない。

(2) **a.**

➡ need doing ~ は「~される必要がある」という意味を表す (➡ p.62(10) 解説参照)。
　b.　necessary を使うのであれば、**It is necessary** to iron these trousers. とする。
　c.　this pair だけでは「ズボン」の意味が出ない。また、need は他動詞で、need doing ~ と用いるため本文の for や、being pressed はおかしい。need pressing にすべき。
　d.　まぎらわしいが needy は「貧乏な」(＝ poor) という意味なので、文意に合わない。

(3) **b.**

➡ **to one's liking**「(人)の好みに合った、合わせて」
　ex. Mexican dishes aren't to my liking.「メキシコ料理は口に合わない」
　a.　satisfy は「満足させる」という意味なので、「満足している」は Are you satisfied with your room? としなければならない。
　c.　in favor of ~「~に味方して、~に賛成で、(人)に有利となるような」という意味なので、文意に合わない。
　d.　a room では、部屋一般の話になってしまう。ここは特定の部屋についての意見を求めているから、**your** room または **the** room と訂正すべき。

（4）**a.**

→ stay put【口語】「（人・事物が）動かないで（変わらないで）いる」
  b. 相手のところに「行く」場合には、**go** ではなく **come** を用いる。また、pick up you は you が代名詞なので pick you up と訂正すべき。
  c. **on the way to doing**「〜しつつある」。call you「あなたに電話する」。
  d. **hold on**「電話を切らないでおく」（＝ **hold the line**）。なお、口語で collect は「（人）を迎えに行く」の意味で用いられることがある。

（5）**d.**

→ be due「（人・乗り物などが）到着する予定になっている」
    ex. Bill is **due** back in a few days.「ビルは２、３日中に戻るはずだ」
  a. a baby では赤ちゃん一般の話になってしまう。**your** baby と訂正すべき。
  b. 時制がおかしい。When will you have a baby? と訂正すべき。この場合は、主語が you となっているため、誰の赤ちゃんかは明白であり、わざわざ your baby と言う必要はない。
  c. start a family「第一子をもうける」問題文では、最初の子どもとは限定していない。なお、現在進行形で近い未来の予定を表す場合がある。

（6）**c.**

→ **help ＋人＋ with 〜**「〜のことで人を助ける」
    ex. Jim **helped** her off **with** her coat.
    「ジムは彼女がコートを脱ぐのを手伝った」
  a. 動詞 help は第４文型［S ＋ V ＋ O ＋ O］をとらない。
  b. assist ＋人＋ in doing 〜「人が〜するのを助ける」の形が正しい。
  d. assist ＋人＋（to）do の形は非標準的用法とされている。

（7）**a.**

→ do 〜 ing で「〜をする」の意味になることがある。
  b. 副詞 greatly は、普通よい意味を表す動詞・分詞・形容詞の比較級の前で用いられた時、「大いに」（＝ very much）の意味になる。この文のように動詞の後で用いられる時には、「偉大に、寛大に、高潔に」といった意味を表すため、文意に合わない。
  c. この文のように had を使うと「人をやとって歌ってもらった」という意味になるので、日本語の文意に合わない。
  d. much of the songs and dances のように、much of に可算名詞（複数形）が続くことはない。

（8） **b.**

➡ 「誰のために働いているか？」→「勤め先はどこか？」

　前置詞 for の目的語なので目的格を用いた Whom do you work for? が正しいが、略式では Whom の代わりに Who を用いることが多い。

a. Where is the location of your office?　と訂正すべき。

c. duty は「義務」「義理」といった意味で、「あなたの本分は何ですか」とたずねていることになる。

d. 〜 working in（または at / for）？と訂正。ただし進行形を用いると、「今は、どの会社で働いているのか」という意味になる。これは、たびたび転職していることを前提とした表現。

39

（1）(b)　are filed → **(should) be filed**

「7月1日までに、すべての願書と成績証明書の提出が必要です。締め切り日までにそうしないと、どんなに優秀であっても、大学への入学は認められません」

➡ 「…することが（絶対に）必要だ」を表す It is essential that S (should) do... の場合、節内の動詞は (should)＋動詞原形になる。

▶ no / not later than July 1 「7月1日までに」
　file O 「Oを提出する」

（2）(e)　raises → **rises**

「円の価値はインフレ率が高まるにつれ、低下する」

➡ 他動詞の raise は raise O で「Oを上げる」という意味になるので、ここでは自動詞の rise「上がる」を用いる。

（3）(b)　like → **as**

「他の国のカントリーミュージックとまったく同じカントリーミュージックを持つ国はないが、同じような歌がかなり離れた人々の間に存在するということは重要だ」

➡ the same ... like 〜という用法はない。the same ... as 〜で「〜と同じような…」を表す。that は the country music を表す代名詞。

（4）(d)　have → **have so many people in Japan been interested ...**

「日本でこれほど多くの人がソフトボールに興味を持ったのは今までになかった」

➡ never before は「今までに1度もない」という意味の否定の副詞句なので、文頭に出た場合は、倒置の語順になる。have が、主語 so many people の前の位置になるため訂正箇所を (d) としておく。

（5）(d)　laying → **lying**

「ユーフラテス川の東岸にあるいくつかの古墳や村落を発掘したところ、後で再興されたバビロンの都市の下に埋まっていたネブカドネザルの都市である古代集落が出てきた」

➡ laying は他動詞 lay「…を横たえる」の現在分詞なので、ここでは、自動詞 lie「(…に) 存在する、ある」の現在分詞に変える。過去完了進行形である had been lying は「〈過去のある時点まで〉(…に) あった」という意味になる。一時的な存在状態を表す場合、lie は進行形で用いる。

(6) (a)　Alike → **Like**
「他の形態のエネルギーと同様に、ＬＰガスは家を暖めたり、食品を調理したり、自動車を走らせることにさえ使用されるだろう」
➡ alike は「似ている」という意味の形容詞で、叙述用法だけで用いる。like のように名詞の前に置いて「…と同じように」を表すことはできない。この場合の like は前置詞。

(7) (d)　great → **greatly**
「先週末、そのデパートでは、洋服、スカート、靴、子供衣料が、大幅に値下げされた価格で宣伝されていた」
➡ reduced prices は、過去分詞 reduced が「下げられた」という意味の形容詞として名詞 prices を修飾している。great は形容詞なので形容詞を修飾することはできないから、副詞 greatly に訂正する。

(8) (a)　A mail → **Mail**
「月曜日の正午前の消印があり、速達で送られた郵便物は、アメリカ合衆国どこでも翌日の配達が可能です」
➡ 「郵便物」を意味する mail は、不可算名詞で、単数扱いするのが普通。
　▶ send O express「Oを速達で送る」
　　the next day「その翌日に」
　　anywhere (副詞)「どこへでも、どこででも」

(9) (d)　have considered → **has considered**
「一見克服できそうにない問題に直面している多くの人が、逃避として自殺を考えたことがある」
➡ 〈many a ＋単数名詞〉は「多くの…」という意味だが、単数扱いなので注意。
　▶ be faced with O「Oに直面している」ここでは faced with ... が主語を修飾する分詞句になっている。

(10) (d)　death came to Lincoln → **Lincoln died**

「フォード劇場での芝居見物中に暗殺者の銃弾によって負傷したリンカーンは撃たれた数時間後に亡くなった」

➡ 分詞構文の主語と主節の主語が同一の場合、分詞構文の主語は省略される。Wounded by ... は分詞構文で主語は Lincoln なのに、主節の主語は death で一致していない。従って主節の主語を Lincoln にすればよい。

40

問題 p.61

(1) **(c)**

➡ 形容詞の配列にはルールがある。この文の場合には、big〈大・小〉、black〈色〉、American〈国名・地名〉の順にならべる。基本だが盲点。

発展

形容詞の配列ルール						
all both	冠詞（a, an, the）所有格 指示形容詞	序数	数量形容詞	性質形容詞	＋	名詞

⇩

性質形容詞の配列ルール				
性状形容詞		固有形容詞	物質形容詞	形容詞用法の名詞
主観的評価	客観的事実	地名・国名などを表す	材料・素材を表す	ex. a school bus の school
lovely	big	Japanese	wooden	

⇩

客観的事実を表す形容詞の配列ルール						
冠詞	大小	形態	性質・状態	新旧／老若	色彩	＋名詞
a	large	square	heavy	old	black	box

(2) **(c)**

➡ the Chinese が「中国人」全般を表すときは複数扱い。無冠詞の Chinese は通常「中国語」の意なのでこの場合には不可。また、a Chinese とすると任意の中国人１人ということになり、一般論として中国人全体の特質に言及する場合は不適切。

(3) (d)

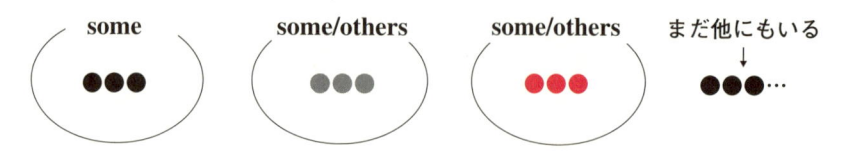

▶ some, others, the others の使い分けがポイント。次の図で確認しよう。

① 「～な人もいれば、…な人もいて、―な人もいる」の場合

some　　　some/others　　　some/others　　まだ他にもいる

② 「～な人もいれば、…な人もいる。残りは皆～だ」の場合

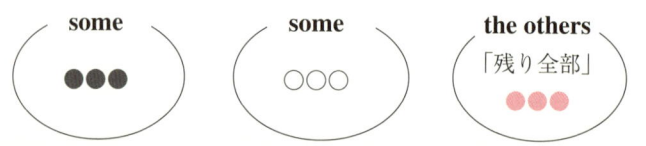

some　　　some　　　the others「残り全部」

(4) (c)

▶ not ～ both, not ～ all はいずれも部分否定を表す表現なので、この場合は不可。また、not ～ any は通常、3者以上の場合に用いる。「A も B もどちらも～ない」は、not A, nor (または or) B /neither A nor (または or) B の形。

(5) (b)

▶ break は〈往来発着〉を表す動詞ではないので、(a)のように、現在進行形で近い未来を表すことはできない。if you won't be も if you aren't とすべき。(c) は主節が仮定法過去なのに従属節が仮定法になっていないので誤り。(d) は if 節内が仮定法過去なのに主節が仮定法になっていないし、if you were not be careful の be もおかしい。

(6) (a)

▶ 「今お風呂に入ったばかりなのに」という文脈から、過去完了を使っている (c) は不可。また、(b)、(d) はいずれも you've been filthy のところがおかしい。

(7) (d)

▶ 主節が未来完了の場合には、「(未来のある時) までには」は by +名詞 / by the time + SV（動詞の時制は現在）の形を用いる。

(8) (d)

▶ It is time S +仮定法過去 /It is time for S to- 不定詞「S が～すべき時だ」の

形。(c) は It's time to leave. なら OK。

(9) **(b)**
> 「手が空いていれば、喜んでお手伝いするのですが」ということは「(実際には) 手が空いていないのでお手伝いできない」ということなので、(c) のように事実をそのまま述べる直説法ではなく仮定法を使うべきところ。また、(a) は主節が直説法なのに従属節が仮定法なので誤り。また (d) の am helping は現在進行の意味を表すので、この文脈ではおかしい。

(10) **(a)**
> 「驚き・意外・怒り」などの感情を表す〈感情〉の should を使った文。should have done になると、「~したとは」の意味を表す。
> ex. It is natural that he should be angry.
> 　　「彼が怒っているのも当然だ」

(11) **(b)**
> 否定文に対し「そうですが」という相づちをうつ場合、yes ではなく no を用いる。
> as if S + V (仮定法過去)「まるで~であるかのように」。

(12) **(a)**
> (a) would rather not 「むしろ~したくない」。(b) should not have done 「~すべきではなかったのに(実際には~した)」。(c) still continue だと「(今も)まだ続けている」の意。

(13) **(b)**
> 「~したのは誰か」という強調構文の疑問形は Who is (was) it that ~ ?

(14) **(a)**
> (b) は He deserved to be punished for it. なら OK。(c) は He was due to be punished for it. なら英文としては正しくなるが、意味は「彼はそのために罰せられることになっていた」(d) の of course 「もちろん」は、文修飾の副詞として用いる。「…は当然だ」は、It is of course that ... ではなく、It is natural that ...

41

（1）**b、e**

ポイント 動詞 accuse の用法

- ○ **accuse 人＋ of ～**〈事柄〉（名詞・動名詞）
  「人を～のせいで責める」
- ○ **accuse 人＋ that 節**「人が～したと言って責める」（現在は不使用）
- × **accuse 人＋ to- 不定詞**
- × **accuse 人＋ for doing**

➡ 形からいって正しいのは、b, d, e だが、d は時制が正しくない。

- × a. not to arrive → of not having arrived
  「彼は、私が時間内にそこに到着しなかったと言って責めた」
- ○ b. 「彼は、私がわいろを受け取ったと言って責めた」
- × c. for → of 「彼は、私が自分の仕事を怠ったと言って責めた」
- × d. failed → <u>had</u> failed 「彼は、私が約束を守らなかったと言って責めた」
  また、keep one's word で「約束を守る」
- ○ e. 「彼は、私の悪行を責めた」

（2）**c、e**

ポイント 可算名詞・不可算名詞につく数量表現

- ○ **a number of**（＝ many / some）＋可算名詞の複数形（×不可算名詞）
- ○ **a great deal of**（＝ much）＋不可算名詞（×可算名詞）
- ○ **a bit of** ＋不可算名詞
  【口語】**a bit of** ＋ **a (an)** ＋可算名詞の単数形
- ○ **a lot of** /【口語】**lots of** ＋ ┌ 可算名詞の複数形
  　　　　　　　　　　　　　　　　　└ 不可算名詞

- × a. bread は不可算名詞。よって可算名詞につく a great number of は使えないから、a great deal of などに訂正すべき。
  「あのパン屋は、1日あたりかなりのパンを製造している」
- × b. magazines は可算名詞の複数形なので、deal を number に訂正すべき。
  「日本では、毎月たくさんの雑誌が出版される」
- ○ c. 「彼は、自分の新しい事業によってたくさんの金をかせいだ」

× d. loaf は可算名詞なので a bit of に続けることはできない **a nice bit of bread** なら OK。
　　「私たちは夕食にかなりパンを食べた」
○ e.「たくさんの石や水が、山の中央から勢いよく流れ出した」

（3） **a、b、e**
　c. **any 〜 not ...** の語順はダメ。
　d. 動詞 assemble（集まる）の主語は複数名詞か集合名詞。
➡ b. と e. は some の用法がポイント。**疑問文・条件節でも、話し手の肯定の気持ちが強い場合や、依頼文や勧誘文の場合には、some を使って OK。**
○ a.「その学校の生徒は皆、ヨーロッパ周遊旅行に参加できる」
○ b.「そのリンゴをいくつかもらってもいいですか」
× c. Any children have not → No children have
　　「子どもたちの誰も宿題を提出していない」
× d. Each man を All the men に訂正する。「男たちは皆、通りのかどに集まった」
○ e.「助けが必要なら、私に教えてください」

（4） **a、b、d**
　ポイント　日付・時刻や時間を表す前置詞
○ a. この for は、[時] を表す前置詞で、「(ある決まった日時) に、(ある行事の場合) に」の意味。ex. make an appointment for seven o'clock「7 時に会う約束をする」
　　「委員会は明日開かれることになっている」
○ b. この under は、「(数・量が) 〜未満で、(時間が) 〜以内に」という意味。
　　「ぼくは 1 マイルを 4 分以内で走ることができる」
× c. till は「継続」を表すので、「完了」の by に訂正すべき。「日が暮れるまでに目的地に到着しなければならない」
○ d. この from は「原因」を表す。**so far**「今までのところは」は、普通、現在完了形とともに用いる。
　　「今までのところ、何人かの人が暑さのせいで倒れた」
× e. 特定の日の午後を表す場合の前置詞は、in ではなく on を用いる。
　　「代表団は、2 月 14 日の午後、ニューヨークへと出発した」

42

問題 p.66

【解答】(4)、(6)、(10)

(1)「あなたが何ごとにも成功なさることを心からお祈りします」 **OK**
→ **wish は二重目的語をとる。**
　　　ex. I wish you good luck.「君の幸運を祈る」
　　また、every success については every で success を強調していると考える。
　　　every ＋抽象名詞［kindness / chance / **reason** など］で「ありとあらゆる、十分な」
　　　ex. She **had every reason to** think so.
　　「彼女がそう思うのも無理なかった」

(2)「それについては何も知らない私に聞くなんて馬鹿げている」 **OK**
→ me who know のあたりが気になるが、先行詞の格（ここでは目的格）とは関係なく関係節の中でこの関係代名詞が何の機能を果たしているかを考えるのがポイント。who は know に対する主語だからこのままで OK。
　❶ It is silly to ask **me**. ❷ **I** know nothing about it. の2文を連結させたのだから、It is silly to ask me (**who** know nothing about it.) で正しい。

(3)「それは秋の晴れた暖かい日だった」 **OK**
→ a fair, warm day のように**形容詞を重ねて1つの名詞にかける時、カンマ (,) を使って連結することもある。要注意。**

(4)「彼は私たち2人とも、つまり私とロバートを電話で呼び寄せた」誤っている。
→ He called both of us（= called both of Robert and **me**）. だから、主格の I が誤り。目的格の me に訂正。

(5)「賓客は共同でキャプテンをしている人達、即ち、あなたと彼です」 **OK**
→ you and he と the co-captains は同格。
　　The guests of honor will be you and he. と SVC の構文では、C（主格補語）
　　　　(S)　　　　　(V)　　(C)
　は主格を用いる。
　　　ex. He didn't think ［that］ it was I.
　　　　　　　　　　　　　　　(S) (V) (C)
　「彼はそれが私だとは思わなかった」

ただし口語では It is **me**. という表現も用いる。

(**6**)「私達はメアリーにお礼を述べた」誤っている。
　⮕ **express は二重目的語をとらず、express ＋ O ＋ to 人「人に～と言う」と使う。**
　　　したがって、We expressed our thanks **to** Mary. となる。(▶ p.60 発展 参照)

(**7**)「彼は時々紳士にふさわしい習慣を忘れてしまう」 OK
　⮕ **gentlemanly** は「紳士らしい」という形容詞。形（-ly）から副詞と思わないこと。(▶ p.27 発展 参照)

(**8**)「その集会は10月5日に開かれます」 OK
　⮕ **前置詞に注意！**　**in** October「10月に」が「10月5日」になると **on** October 5 となる。形容詞や日付などで限定されると in は on にかわる。
　　　ex. **in** the morning「午前中に」→ **on** a rainy morning「雨の朝に」

(**9**)「彼の家族に連続して不幸なことが起きた」 OK
　⮕ **a series of ～**「ひと続きの、連続の～」a series of ～は、後に続く名詞が複数形でも単数扱いが原則だが、複数扱いされることもある。
　　　misfortune が「不運なこと」という具体的なものを指す時には、可算名詞なので、複数形でもかまわない。

(**10**)「彼が野球をやるのを断ったので、少年達は怒った」誤っている。
　⮕ **refusal** の用法に要注意。「(申し出など)の拒絶」には **refusal of ～**を用いる。her refusal of an invitation「彼女が招待を断ること」。「～することを拒絶すること」には普通は **refusal to-** 不定詞を用いる。her refusal to play the piano「彼女がピアノを弾くのを断ること」。
　　　▶ **provoke** ＋〈人〉は「〈人〉を怒らせる」

43

【解答】(3)、(4)、(7)、(10)

（1）「あなたをお迎えして私はとても嬉しく思います」
→ **happy** は **It is happy for 人 to do ~** という形にはならない形容詞。**I'm very happy to** have you with us. ならばよい。なお、この have は「人を客として迎える」。

（2）「彼女が家に戻ると聞いて彼はとても満足な気分だ」
→ **satisfactory** は「（事が）満足な、申し分のない」という形容詞。「（人が）（~に）満足している」を表すには、**be satisfied（with ~ / to do ~）** でなければならない。したがって He is very satisfied to hear that ~ . とすればよい。ただし、He is very pleased to hear that ~ . とした方が自然な英語になる。

（3）「彼女はきっと有能な学者になるだろう」 **OK**
→ **be sure to do ~** は「きっと~するだろう」で、話者・書き手の確信を表す。本人の確信を表したいのであれば、that 節や of ~ を用いて表す。

ex. She is sure { that she will succeed.
of her success.
「彼女は自分が成功すると思っている」

▶この **make ＋ a ＋形容詞＋名詞** は「~な…になる」 頻出

（4）「複数のダイバーが行方不明になっていることが今わかっている」 **OK**
→ ひっかかりそうな文章だが、このままで正しい。
more than one ＋単数名詞で「複数の~」を表すが、動詞は単数形で受ける。要注意。

（5）「80ポンドでは多額すぎて支払えない」
→「80ポンド」と金額をひとまとまりにしている時には、動詞は単数形で受ける。したがって Eighty pounds **is** too much to pay. となる。

発展

ひとまとまりの金額・時間・重さ・距離は複数形でも単数扱い

Five years is not a long time. 「5年間は長い時間ではない」
Twenty miles is a long distance. 「20マイルは長い距離だ」

（6）「彼女は事件を目撃したと思われる人物だ」
→ この文は、She is **the one** (**who** [I think] saw what happened). という構造。

関係詞節に注目すると、who と saw が S＋V だから、whom ではなく主格の who でなければならない。

（7）「病気が深刻で自宅治療の無理な患者もいる」 OK
→ やや複雑な構造の文。以下の2文が関係詞によって1文につながれたと考えればよい。
  ❶ There are some patients.
  ❷ The seriousness of their illnesses makes it impossible to treat them at home.（it は to 以下をうける仮目的語）
共通部分は❶の patients「患者達」と❷の their「患者達の」である。patients を先行詞とし、their を whose として2文がつながっていると見れば、構造が把握できるはず。

（8）「彼は自分の庭を訪れるどの人にもリンゴをあげた」
→ to whomever にひっかかってはいけない。**関係詞は関係詞節の中での働きから、主格、目的格、所有格、関係副詞など最適なものを選択していく**。この関係詞節では visited の主語となる関係詞が必要だから、whomever → **whoever** とする。

（9）「あなたのお父さんは私にお金を貸すことに反対すると思いますか」
→ 「～に反対する」は **object to 名詞／doing**（動名詞）だから、to lend → **to lending** 最重要 （ p.53 発展 参照）。

（10）「その話し手は、3つの疑問に答えるだけにしておきましょうと言った」 OK
→ **confine oneself to doing**「～するだけにとどめておく」
このイディオムは覚えておくこと。

44

(1) **(b)** remember の使い方がおかしい。remember 人 to- 不定詞という用法はない。cf. Remember me to 人. なら「〜によろしく伝えて下さい」
　　cf. (a)「来週の今日それを返却するのを忘れないで下さい」
　　　(c)「それを1週間で返却するのを（私が忘れていたら）気付かせて下さい」
　　　重要 ➡ **remind ＋人＋ to- 不定詞**「〈人〉が〜するのを（忘れていたら）思い出させる、念を押す」
　　　(d)「2週間以内に君にそれを返すのを忘れていたら教えて下さいね」

(2) **(c)** 冠詞がおかしい。I'm a complete stranger to this area. とすべき。
「私はここではまったく右も左もわかりません」
　　cf. (a)「私はここは初めてです」文意は訂正後の (c) とほぼ同じ。
　　　(b)「私はこの地区はまったく初めてです」
　　　(d)「その土地のことは何もわかりません」

(3) **(e)** すべて正しい。
How do you like 〜？（どれほど気に入っているかをたずねる）
　　cf. (a)「この土地はいかがですか」it は漠然と状況を指している。
　　　(b)「新しい家はいかがですか」
　　　(c)「その土地はいかがですか」
　　　(d)「それはどうですか」

(4) **(a)** How でなく What does everybody think about 〜？とすべき。
「彼女のしたことをみんなどう思っているのだろう」
　　cf. (b)「彼女がそうしたという事実をみんなどう見ているんだろう」
　　　(c)「それについてなされたことをみんなどう感じているのだろう」
　　　(d)「彼女がそれをやったとみんなどうして知っているのだろう」
　　　最重要 ➡ **How do you think about / of 〜？** という文は間違い。(▶ p.88 **発展** 参照)

(5) **(b)** be used to doing「〜することに慣れている」、I'm used to studying 〜。とする。
「毎日夜遅くまで勉強するのに私は慣れている」

cf. (a)　「深夜すぎまで私は勉強したものだった」used to- 不定詞（過去の習慣）
　　(c)　「私はほとんど毎日毎晩働くことに慣れた」get used to ＋名詞／動名詞
　　　　「〜に慣れる」というイディオムが完了形になっている。
　　(d)　「私は夜遅くまで働くのに慣れている」

（**6**）**(d)**　both が不要。
　　「我々の意見にまったく何の相違もありません」
　　among という「（3者以上の）間で」を表す語のあとに、both という2者を表す語が続くのはおかしい。
　▶ **no ＋名詞＋ whatever (whatsoever) は否定を強調する表現。**
　cf. (a)　文意は (d) とほぼ同じ。between 〜「（2つ・2者の）間で」
　　(b)　文意は訂正後の (d) と同じ。among 〜「（3つ・3者以上の）間で」
　　(c)　「我々と彼女の意見に相違はない」

（**7**）**(d)**　「スミス一家」は複数形で受ける。lives → **live**
　　「スミス一家（または夫妻）は我々の叔母の近所に住んでいる」
　cf. (a)/(b)　「スミスさんはうちのとても近くに住んでいる」
　　　　near 〜 ＝ close to 〜
　　(c)　「スミスさんは私の叔父の職場の近所に住んでいる」
　　　　in the vicinity of 〜 「〜の近くに」

（**8**）**(d)**　in age は不要。または Anne is ten years of age. とする。
　　「アンは10歳だ」
　cf. (a)/(b)　「アンは10歳の少女だ」、ten-**year**-old 〜のように形容詞として名詞にかかる時には、years とはならない。
　　　　ex. a five-**kilometer**-long bridge「長さ5キロの橋」
　　(c)　「アンは10歳だ」

（**9**）**(a)**　many novels of Hemingway's と訂正する。
　　「私は去年ヘミングウェイの小説を多く読んだ」
　最重要 ➡ **所有格と this / that または many / some / no などを並べることはできない。**
　　　✕ Tom's some books　→ ○ **some books of Tom's**
　　　✕ that Kate's car　→ ○ **that car of Kate's**
　cf. (b)　「一昨年私はヘミングウェイの短編をたくさん読んだ」

(c)「先月私はヘミングウェイの小説をたくさん読んだ」
　　Hemingway novels は名詞を2つ並べて1つの名詞にしていると考える。たとえば「台所のテーブル」は a kitchen table で、a kitchen's table とは言わない。Hemingway novels も「ヘミングウェイの小説」とまとまり、それに many がかかっている。
(d)「先週私はヘミングウェイの短編をたくさん読んだ」。

(10) **(d)** 　2文の接続と none がおかしい。the computer（特定）だから none（= no one）でなく、it で受けるべきである。したがって、and → **but**, none → **it** にし、can → **cannot** とする。
　「我々はそのパソコンが欲しいの**だが、それを買う余裕はない**」
cf. (a)「我々はその車が欲しいのだが、それを買う余裕はない」
　　⇨ **cannot afford ＋名詞／ to- 不定詞**「(〜する) 余裕はない」
(b)「グアムに行きたい。そうする余裕もある」
(c)「田舎に家が欲しいのだが、その余裕はない」
　　特定のものでなく a country house だから、it ではなく one で受けている。(⇨ p.76 発展 参照)

45

問題 p.70

(1) ホ．「彼の良い助言はいつも私の役に立った」
　　➡ **advice「助言」は不可算名詞**なので advices はおかしい。
　cf. イ．「クラスのみんなが彼の話に深く心を打たれた」class はその構成員1人1人を意識して使う時には、複数形で受ける。
　　ロ．「10キロは私には遠すぎて歩けない」**距離をひとまとめで受ける時には、単数扱い。**（▶ p.138 発展 参照）
　　ハ．「私の家族はみな早起きです」イ．の class と同様に、family も家族1人1人を意識しているならば、複数扱い。
　　ニ．「アメリカ合衆国は世界で4番目に大きな国だ」 the United States は1つの国だから単数扱い。

(2) ロ．「電気がないと生活はとても困難なものになるだろう」
　　➡ 一般的に「生活」という意味の時には、**life は無冠詞で使うのが普通**。
　cf. イ．「寝る前にベッドで本を読むのが好きだ」
　　　　in bed「床について、ベッドで」は無冠詞。
　　ハ．「男性より女性の方が良い教師である場合が多い」
　　　　▶一般的な women / men は無冠詞。
　　ニ．「消防士達は消火のためにその病院へ行った」
　　　　ここでは firemen / hospital / fire が、特定のものをさしているので定冠詞 the が必要。
　　ホ．「明朝9時に仕事を始める必要がある」
　　　　特に限定がなければ work は無冠詞。

(3) ハ．「日本では、左側を運転するのに慣れなければならない」
　　➡ **get used to doing** にする。
　cf. イ．「そのパーティーに出ていたかった」I'd love to do ～「～したい」に完了形が加わって「～だったらよかったのに」を表す。

発展

実現しなかった希望
wished / hoped / wanted ＋完了形の不定詞（to have 過去分詞）

ロ．「必要もないものを買うのは金の浪費だ」It（仮主語）が buying 〜（動名詞句）を受けている。 ➡ 「〜の浪費」は a waste of 〜。

ニ．「彼は彼女に手紙を書いてみたが、彼女は返事を出さなかった」

➡ { **try to do** 〜「〜**しようと努力する**」
　　 try doing 〜「〜**してみる**」 }

というように try の用法は区別されている。

{ **I tried to write** to her.「手紙を書こうとした」
　　　　　　　　　　…手紙はできあがっていないかもしれない。
I tried writing to her.「手紙を書いてみた」…手紙は書き上げた。 }

ホ．「彼女は私がその問題を解くのを手伝ってくれた」

➡ help 人（to）do 〜「人が〜するのを手伝う」

(4) イ．「そのニュースを聞いて我々はがっかりした」

➡ We were disappointed to hear the news. とする。with の後は、「人・もの」が来る。→ He was disappointed with the result.「彼はその結果にがっかりした」

cf. ロ．「魚は水が変わったので死んでしまった」

➡ **fish** は単複同形なのでこの fish が複数の魚を指していると考えれば、were のままで正しいことがわかる。be killed by 〜「〜に殺される」。

ハ．「泳いだので非常に疲れている」

➡ be tired from doing「〜で疲れる」

ニ．「彼女は彼のひどいマナーに腹をたてた」

➡ be offended by 〜「〜に立腹する」

ホ．「彼は町中の人に知られている」

➡ be known to 〜「〜に知られている」by を用いないことに注意。

(5) ニ．「トムは起きるのが遅いので朝はいつも急がなければならない」

➡ **always** は普通、**have to** の前に置かれるので、has always to を always has to とする。

▶ have always to do 〜の語順は古めかしく、命令的に「常に〜しなければならない」を表すのでこの場合はダメ。

cf. イ．「君は6か月ごとに歯医者に行くべきだ」

「歯医者に行く」は3通りで表せる。go to { the dentist
the dentist's office
the dentist's
　　　（office を省略） }

▶ every ＋数詞＋複数名詞で「〜ごとに」

ロ．「夕方帰宅する時には、私はたいていとても疲れている」
　　in the evening で「夕方に、午後に」
ハ．「日曜日に教会に行く人を何人知っていますか」
　　people と who 〜（関係詞節）が分離している。go to church で「教会に行く」on Sunday(s) =「日曜日に」
ホ．「私はその家を掃除して、その夕食を用意した」
　　➡ 食事名には冠詞をつけないのが普通だが、なにか特別の・特定の夕食という文脈であると考えれば、このままで正しい。

46

1. **ポイント** persuade と talk の用法

発展

「説得して…させる」	「説得して…をやめさせる」
persuade 〈人〉 into 〈事柄〉 / doing persuade 〈人〉 to do ~	persuade 〈人〉 out of 〈事柄〉 / doing persuade 〈人〉 not to do ~
talk 〈人〉 into doing	talk 〈人〉 out of doing

○ （ 1 ） 「ジョージナは両親を説得して新しいピアノを買ってもらった」
　　　　　persuade 〈人〉 to do の形で正しい。
× （ 2 ） **persuaded her parents ~** と訂正すべき。前置詞 to が不要。
○ （ 3 ） **talk 〈人〉 into doing** の形で正しい。
× （ 4 ） **persuaded her parents that they should buy ~** と訂正すべき。「~するよう説得する」という意味の **persuade** が **that** 節をとる場合には、**persuade 〈人〉 that S ＋ (should) V ~** となる。
× （ 5 ） **talked her parents into buying ~** と訂正すべき。「説得する」という意味では talk は他動詞なので前置詞 to は不要。

2. **ポイント** almost の用法

▶ **almost** は副詞であり、**almost students** と直接、名詞を修飾したり、代名詞として **almost of the students** と用いることができない。

発展

almost ／ most 「ほとんど」の用法	
almost	○ **almost ＋ all [every / any / no] ＋ 名詞** × almost　　(the) ＋ 名詞 × almost of (the) ＋ 名詞
most	○ **most ＋ 名詞** 「ほとんどの~」

○ （ 1 ）「子供の頃、アイルランドで得た友人のほとんどすべてが移民した」
この almost は形容詞 all を修飾しているので問題はない。

× （ 2 ） Almost all (of) my childhood friends 〜と訂正すべき。このままでは almost が直接名詞句を修飾していることになるので不可。all of my childhood friends のとき、all は代名詞。all my childhood friends のとき、all は形容詞。

× （ 3 ） Almost all (of) the friends 〜と訂正すべき。

○ （ 4 ） この almost all は主語と同格用法で正しい。
　　　ex.「その学生の（ほとんど）全員が、レポートを提出した」
　　　The students have (almost) **all** handed in their papers.〈同格〉
　　　= (Almost) all the students have handed in their papers.

× （ 5 ） Almost all (of) my friends / Most of my friends 〜と訂正すべき。almost は副詞なので「ほとんどのもの」を表すことができないが、most ならば代名詞用法がある。

3. ポイント 「…するのに成功した」の正しい表現

× （ 1 ） succeeded in landing a seat 〜と訂正すべき。「〜（するの）に成功する」は succeed in〈事柄〉／ doing で表す。「バルサザーはあの有名な女優ララ・マストンの隣に座ることができた」

○ （ 2 ）「バルサザーはあの有名な女優ララ・マストンの隣になんとか座れた」manage to do 〜は「なんとか〜をやりとげる、まんまと〜する」という意味。

× （ 3 ） succeeded in landing a seat 〜と訂正すべき。

○ （ 4 ） successfully「首尾よく、うまく」という意味の副詞を用いた正しい表現。

× （ 5 ） was successful in landing a seat 〜と訂正すべき。形容詞 successful を用いて「〜（するの）に成功する」を表す場合は、be successful in〈事柄〉／ doing。

4. ポイント　使役動詞や動作を促す動詞の受動態

発展

使役動詞や動作を促す動詞の用法と意味

get〈人〉to do ~　　　「(説得して) ~させる・してもらう」
let〈人〉do ~　　　　「(許可して) ~させる」
make〈人〉do ~　　　「(強制的に) ~させる」
force〈人〉to do ~　　「(強制的に) ~させる」

× （**1**）　get〈人〉to do は普通、受動態にしない。

○ （**2**）　force〈人〉to do は受動態にできる。「サムは幼い時に無理やり学校をやめさせられた」

× （**3**）　Sam was made to leave ... と訂正すべき。make〈人〉do は受動態にできる。その場合は be made to do ... と、原形不定詞ではなく to つきの不定詞になる。

× （**4**）　let〈人〉do は普通、受動態にしない。

○ （**5**）　be made to do は正しい。「サムは幼い時に無理やり学校をやめさせられた」

5. ポイント　**point / aim を使った表現**

× （**1**）　to を at に訂正すべき。point＋O＋at / toward ~「O を~に向ける」というのが正しい用法。「強盗は銀行の出納係に短銃を向けた」

× （**2**）　point〈人〉with ~ という用法はない。

○ （**3**）　**aim＋O＋at ~「~に O を向ける、O で~を狙う」**

× （**4**）　aim〈人〉with ~ という用法はない。

○ （**5**）　**take aim at ~「~を狙う」**は正しい表現。with his short-barreled pistol の with は「~で、~を使って」を表す〈道具・手段〉の with。

47

問題 p.73

イ． **a、b、c**　「そのことについては心配しなくてもいいと彼に言ってやってくれ」
　d.　助動詞で need を用いた場合、c. のように need not worry となり、needs の s は不要。

発展

need の用法

助動詞

否定文　You **need not** worry. He will be back soon.
　　　「心配することはないよ。彼はもうすぐ戻ってくるさ」
疑問文　**Need** I come tomorrow? — No, you **need** not.
　　　「明日こなくちゃだめですか。ーいや、その必要はないよ」

本動詞

肯定文　We **need** your advice.
　　　「我々にはあなたの助言が必要だ」
　　　Your shirt **needs** washing / to be washed.
　　　「君のシャツは洗わないといけないね」
疑問文　**Does** he **need to** do it?
　　　「彼がそうする必要があるのかい」
否定文　He **didn't need to** lend her his car.
　　　「彼が彼女に車を貸してやる必要はなかった」

ロ．**a、b**　「刺身は大丈夫です。私は、ほとんど何でも食べられますから」
　a.　almost は any-、every- で始まる名詞を修飾できる。
　b.　米口語では almost の短縮形として時に most が用いられ、all、any-、every- などの語を修飾する場合がある。ex. most always「ほとんど、いつも」。(▶ p.146 発展 参照)
　c.　mostly は文頭で用いられると「たいていの場合は」の意味になり、名詞などの前で用いられると「主として（= mainly ; for the most part）」の意味になる。ただし、anything を修飾することはできない。
　d.　most of は定冠詞などのついた名詞句を従える。よって、この文脈では使えない。

ハ． c　「昨夜の映画は楽しかったかい」
　a、d．　動詞 enjoy の後に、原形動詞や to- 不定詞を従えることはできない。また b. の seeing は正しいが、movie に定冠詞 the をつける必要がある。

ニ． c　「口出しするなんて、いったいどういうつもりだい」
　c．　**What's the idea of doing ?** は【口語】で、「～するなんてどういうつもりか」という意味（不満の意を表す）。butt in は「口出しする」という意味の口語表現。

ホ． a、c、d
　a．　「コーヒーを1杯いかがですか」
　b．　few は数えられる名詞の複数形につく。よって、coffee を直接修飾することはできない。a few more cups of coffee なら OK。
　c．　「コーヒーを少々いかがですか」
　d．　「もう少しコーヒーはいかがですか」a few more ＋可算名詞（複数形）で「あと2、3の～」、some more ＋可算名詞（複数形）／不可算名詞で「あといくらかの～」。

ヘ． a、b、d
　a．　「自分のやったことがわかっているんですか」
　b．　「あなたのやったことはそれで全部ですか」
　c、d．　この文の構造は、以下のように考えるとわかりやすい。
　　That (which) you have done is ～ .　「君のやったことは～だ」
　　この that は代名詞で関係詞節の先行詞になり、「(…する) 事・物」を表す。which は関係代名詞の目的格なので省略できる。これを「君のやったことは何ですか」という疑問文にすると次のようになる。
　　What is that (which) you have done?
　　c. だと、先行詞まで省略したことになり文として成立しない。

ト． a、d
　a．　「あなたのために何かしてあげられることがありますか」
　b．　この文では anything (that) I can help となっているが、help O〈事柄〉では、「～を手伝う」という意味にはならない。
　c．　**help は二重目的語の構文 S＋V＋O〈人〉＋O〈もの・事〉をとらない。**
　d．　「何かお手伝いできることがありますか」
　▶ help A〈人〉with B〈仕事〉など「B のことで A をたすける」　頻出
　　○ help her with her homework　「彼女の宿題を手伝う」
　　× help her homework

48

問題 p.74

（a）(2)　until you will have → **until you have ～**

「自身の自尊心を失う可能性をはじめ、決定によって生じうるあらゆる可能性を考慮するまでは、あきらめる覚悟ができたと言ってはいけない」

➡ **時や条件を表す副詞節の中では、未来は現在で、未来完了は現在完了で表す。**
したがって、(2) の will が不要で until you have considered となる。

（b）(3)　that he saw ～ → **that he (should) see ～**

「もし彼が１度もそれを見たことがないのなら、『ディアハンター』というタイトルの映画を見ることを強くすすめたい」

➡ **recommend that ～のとき that 節の動詞は (should) ＋原形となる。** (3) を that he (should) see とすれば OK。

（c）(1)　To be watching experienced ～ → **Watching experienced ～**

「彼女のような経験を積んだバレエダンサーたちを見ているうちに、その若いバレリーナは辛い（バレエの）修業の結果、自分がいつかどこに行き着くかが初めてわかった」

➡ 文脈に沿って (1) を書き換えると While she was watching ～となる。ところが、**to- 不定詞を使って「～しているとき」を表すことは無理**なので、分詞構文を利用して、Watching experienced ～とする。なお、前置詞の目的語として wh 節をとることは可能なので、(3) の of where の部分は正しい。

（d）(4)　anybody cannot find → **nobody can find**

「どうやってこの辛い時代を切り抜けるかという問題になると、誰にも簡単な解決が見つけられない」

➡ **Any ... not という語順は英語では成立しない** 重要。
ここは nobody can find ～としなければならない。

（e）(3)　to turn to look at them → **turning to look at them**

「この大学では５人に１人の（割合で）女子学生がとても魅力的なので、彼女らが通りすぎる時には、振り返って彼女らをつい見てしまう」

➡ 動詞の目的語を問う問題。**resist doing は** 頻出。cannot resist doing は「～することに抵抗できない」「つい～してしまう」。

(f) **(1)** Dismissing → **Dismissed**
「1世紀前に不道徳として退けられたその作者の傑作は、世界中の読者の心を感動させ続けている」
➡ **分詞構文を含んだ問題文では、主節の主語と分詞の意味上の主語が同一か、異なっているかを見抜くこと、次に能動態か受動態かを考えていくことがポイント**。the author's masterpiece が「追放処分された」のであるから、この場合 Dismissed と受動態にしなければならない。

(g) **(1)** were needing → **needed**
「この子供達は、幼いうちに彼らをしつけてくれる父親の力強い手を必要としていた」
➡ **need は「必要としている」という状態動詞なので、進行形にならない**。needed とすべきである（ ▶ p.10 発展 参照）。
　なお、(2) の a father's hand の部分はこのままでよい。これは a hand of father's hands（父親の手の内の一方）とは書き換えられない。この father's は「父親らしい」という程度の意味であり、所有格であっても、内容が単なる修飾であって、所有を表さない。この様な場合、a と所有格は併置可能。

(h) **(1)** Ask you these questions → **Ask yourself these questions**
「こう自分に問うてみなさい。— 私はこれを読んで何を学びとりたいのか、得られた知識によってどのように私は利益を得るのであろうか」
➡ 命令文の主語は［You］であり、ask の目的語が「自分自身」であるのだから、この場合、［You］Ask yourself these questions となる。

49

問題 p.75

(1)　**of** (Some of philosophers → **Some philosophers**)
　　「哲学者の中には、哲学的進歩というようなものはなく、哲学自体は哲学史にすぎないという結論に達した者もいる」
　➡ some of... の後には some of the philosophers「その哲学者の内の数人」のように限定集合が来なければならない。この場合 the を足すことができないので of を取り除き、some philosophers とすれば「何人かの哲学者」となり文法的に正しい表現になる。

(2)　正しい
　　「この見解は複数の哲学者によって提出されており、『歴史主義』と呼ばれている」
　▶ 〈more than one ＋単数名詞〉「複数の～」

(3)　**not** (consists not only of → **consists only of**)
　　「哲学はその歴史だけで構成されるというこの考え方は奇妙な考えであるが、一見際立った議論でもって擁護されている」
　➡ this idea は(1)の the conclusion、(2)の this view を受けるものだから、(1)の「哲学自体は哲学史にすぎない」と矛盾しないよう、consists not only of its history という部分から not を取り除いておく。これは文脈上の不要語である。

(4)　**are** (find ourselves are compelled → **find ourselves compelled**)
　　「しかし、我々がそのような見解を受け入れさせられるということはないだろう」
　➡ find は find ＋目的語＋補語(分詞)という構造を取るので、are を取り除き、補語に過去分詞が来るようにする。
　　　ex. I found him lying on the floor.「彼が床で倒れているのを見つけた」
　　　　　I found the house deserted.「その家は誰も住んでいないことがわかった」

(5)　**in** (an entirely different in view → **an entirely different view**)
　　「私はまったく異なる哲学観を持つつもりだ」
　➡ このままでは take の目的語がないので、in を取り除き、take の目的語になる

名詞句を作る。in view of O「Oを考慮して」というイディオムもあるが、文構造を考えごまかされないようにすること。

(6) 正しい

「例えば、あなた方は皆、『プラトンの対話』の一部を読んだことがあるでしょう」

➡ (1) で述べたように、all of や some of の後には限定集合を表す語句が来る。all of you の場合、you は「あなた方」と呼びかけられている特定の集団を指すのでこのままでよい。some of Plato's *Dialogues* も Plato's *Dialogues* が固有名詞＝限定されたものをさす語句だから、これで正しい。

(7) 正しい

「その中で、ソクラテスは質問をし、様々な解答を得ている」

➡ there は in Plato's *Dialogues*「『プラトンの対話』の中で」を表す副詞。

(8) **it** (what it was meant → **what was meant**)

「彼は、こうした解答によって意味されたものは何か、ある言葉がこのように使われたりあのように使われたりするのはなぜかと尋ねている」

➡ what it was meant by these answers のままだと、was meant の主語が what と it のどちらかわからない。it をとって what was meant by... とすれば ask の目的語「…によって何が意味されたか」ができ、意味も通る。

(9) 正しい

「つまり、ソクラテスの哲学は、我々の表現の意味を分析することで思考をはっきりさせようとしたのだ」

➡ the meaning of our expressions の部分は、meaning が of our expressions で限定されているから、the が必要。

▶ clarify ＋ O 「〜をはっきりさせる」

50

（1）不要な語 for　直後の語 one

「そういった政治的な展開による多くの結果の1つに、結局、あまりに複雑すぎて政府には扱えないことが判明したものがあった」

➡ この文は、前置詞句（＝ Among ... developments）＋ V（＝ was）＋ S（＝ one that ... handle）という倒置語順になっている。意味は「…な展開の中に S があった」である。主語 one（＝ a consequence）の前にある for が文の中で機能していないので、これが不要語である。なお、that ... handle は one を先行詞とする関係詞節。that は主格の関係代名詞である。

（2）不要な語 are　直後の語 to

「その2国が、世界経済に安定を回復するために払わなければならないと言われている犠牲は、互いに完全にとは言わないまでもほとんど逆のものである」

➡ この文は、S ＝ The sacrifices that ... economy，V ＝ are，C ＝ the opposite of each other という構造になっている。that ... economy は the sacrifices を先行詞とする連鎖関係詞節。that は関係代名詞で make の目的語になっている。以下を参考のこと。

　　cf. *The two countries have been told* that they must make sacrifices.
　　　↓
　　the sacrifices that *the two countries have been told* they must make
　　　先行詞　　　　　　　関係詞節

to restore ... は「…を回復するために」という《目的》の不定詞句で、この前にある are が不要である。なお、almost if not completely は the opposite of each other を修飾している。A if not B で「たとえ B でなくても A」という意味を表す。

（3）不要な語 became　直後の語 consisted

「その国は経済的に成功しただけでなく、国民は、民族的には異なるいくつかのグループから成るにもかかわらず、1つの国民としてある程度の心理的な統一を達成した」

➡ consist は自動詞で、「～から成り立つ」は consist of ～ と表す。したがって、they consisted of ... が正しく、they と consisted の間にある became が不要である。

なお、Not only did the country become economically successful, では否定の副詞句 Not only が文頭に出ているために倒置が起きている。a people は「1つの国民[民族]」を表しており、これで正しい。despite the fact that ... は「…（という事実）にもかかわらず」という意味を表す。

（4）不要な語 were　直後の語 unrelated
「時に科学は、かつて関連性がないとみなされていた現象を同一の法則に帰して、宇宙の一見複雑に思えるものに対する我々の理解を明確なものにする理論を生み出すことで物事を単純化する」
➡ theories が先行詞で that 以降が関係詞節になっている。関係詞節内は、reduce A to B「A を B にまとめる」の目的語 A が後置され reduce ＋ to B ＋ A になっている。previously considered unrelated は、reduce の目的語 phenomena を修飾する分詞句で、ここに were は不要である。なお、thus clarifying ... は分詞構文。

（5）不要な語 had　直後の語 been
「そうした団体を首相が支援することを正当化するのは難しいことだったかもしれないが、どんなに難しくても、彼女はその後の10年間かなり反対があったにも関わらず、この立場を維持し続けることで、自身が高潔な人間であることを証明した」
➡ may have done で過去推量を表す。However hard it may have been to justify は、It may have been hard to justify ...「…を正当化するのは難しいことだったかもしれない」を《譲歩》の副詞節にした形である。It may have had hard to justify ... では英文として正しくないので、been のほうを不要と考え、However hard it may have had ... とするのは間違い。

51

問題 p.77

【全訳】(a) アメリカ合衆国内で移動すると、共通の習慣、娯楽、言語のおかげで、すぐに友情を築き、共同体の生活に楽に同化していくことになる。(b) 国際的な移動に伴なわれる変化には、日常生活上の仕事、予定、生活様式、食べ物、食習慣、話し方、社会から期待されること、社会的な役割、仕事の責任における変更がある。

(c) カルチャーショックとは、新しい国に移住した時の様々な違いによる衝撃に関した用語である。(d) カルチャーショックは慣れない状況に入ってそれらに対処していこうとする時にやって来る。カルチャーショックは人それぞれに違った形で影響を及ぼす。(e) 家事に関していろいろと手配する時、どうやってあちこち動き廻るか、どこで買物をするかを学ぶ時、子供をきちんと学校に入れて落ち着かせる時、医療施設を見つける時に、方向を見失ったという感じが訪れる。(f) 落ち着くというのはすぐにはできない。「落ち着く」まで、6か月か、時にはそれ以上かかるつもりでいなさい。(g) 慣れる（ための）期間は苦しいこともあるものだと受け入れれば、自分に押しつけるプレッシャーと、その結果生じる緊張を減じることになるだろう。

（a） (4)「娯楽、気晴らしの手段」の意味では **resource** は**可算名詞**であり、ここでは前にある customs（「様々な習慣」）に合わせて、resources と複数形にすべき。このままではアメリカ人が共通の1種類の娯楽を持っていることになる。
▶ (1) の within は in よりも「～内部で」がはっきりする。このままで OK。(2) の friendships は friendship が可算・不可算の両方が可能なのでこのままで OK。

（b） (1) **involve ～「～を必然的に伴う、必要とする」** 違う国に移動することに「伴われる」変化であるから、involved となる。The changes を involved in ～ が修飾している。

（c） (4)「新しい国」へ移住することで…ということだから、特定の国である必然性はない。したがって、the は a にすべき。

（d） (3) 第2文も主語は Culture shock であるから、They affect ではなく It affects となる。

（e） (3) 文構造に注目。as you make ..., learn ..., establish ..., and find ... となってい

るから、to establish とここだけ to- 不定詞なのはおかしい。

(**f**) **(1)** all that once ではなく **all at once** で「すぐに」。
- ▶ plan on six months は plan on waiting six months「6 か月待つつもりだ」というほどの意味。

(**g**) **(4)** このままでは英文として成立していない。プレッシャーの結果生じる緊張であるなら result ではなく形容詞 resultant (「～の結果生じる」) を用いて名詞にかける。